Inhalt

Die meistgehasste Frau der DDR

Überschrift über den Beitrag zum 80. Geburtstag von Margot Honecker, in: Die Welt, 16. April 2007

Womit beginnen?

Vielleicht damit, wie alles begann: Eines Tages rief jemand an und fragte, ob ich Zeit und Lust hätte, einen Artikel über die Ministerin zu schreiben. Heutzutage wird in solchen Situationen auch ein Zahlenwörtchen darüber verloren, mit welchem Honorar zu rechnen sein könnte, was aber – so erwartet man – diskret behandelt wird.

Ja, so hatte es begonnen.

Könnte jemand die Frage stellen, warum man gerade mich angerufen hatte, und da könnte ich mit ahnungsloser Miene die Schultern heben oder zugeben, dass ich ein Verhältnis zu jener Frau habe.

Ich bitte peinlich genau auf die Wortwahl zu achten: Nicht *mit*, sondern *zu* jener Frau.

Logischerweise hatten sich nach diesem Geständnis die Fragen gehäuft. Schon deshalb, weil ich an die 17 Stunden um die halbe Welt fliegen müsste, um die Dame zu treffen, was ein Mittags am Telefon für den Nachmittag verabredetes Rendezvous also unmöglich machte. Dass wir uns dennoch verstehen und mühelos verständigen, in dem wir unsere PCs oft mit Emails füttern, hängt damit zusammen, dass wir uns schon zu Zeiten kennen lernten, als die DDR eben gegründet war, uns auch damals schon ganz gut verstanden und obendrein fast ein Jahrgang sind. Sie ist einen »Hauch« älter als ich, aber auf Details verzichte ich schon deshalb, weil man über das Alter von Frauen bekanntlich in der Öffentlichkeit weder redet noch schreibt und unser Alter für den zu erörternden Sachverhalt völlig belanglos ist.

Ja, es handelt sich um Margot Honecker!

Warum sie in die chilenische Ferne floh, ist hinlänglich bekannt: Ihren Ehemann Erich hatte man aus Motiven der heimtückischen Rache – die Vokabel übernahm ich vom *Spiegel*-Herausgeber Augstein – 1990 in den gleichen Knast gesperrt, in den ihn 1935 die Nazis eingekerkert hatten, in Berlin-Moabit vor Gericht gezerrt und erst »abgeschoben«, als amtlich bestallte Ärzte sich durch nichts hatten davon abbringen lassen, seine durch Krebs bedingte Haftunfähigkeit zu attestieren. In Deutschland hatte ihn vor der Verhaftung bezahlter Mob verfolgt, den die Polizei nie zur Ordnung rief, in Chile erinnerte man sich, dass das Land, dessen Staatsoberhaupt er war, tausende von Mördern verfolgter Chilenen sicheres Exil gewährt und auch die Möglichkeit geboten hatte, zu studieren oder sich beruflich weiterzubilden. Im chilenischen Exil starb er 1994, seine Witwe blieb mit der Tochter und deren Familie an dem sicheren Ort.

Ganz am Rande: Zu den Verhaltensmaßregeln für Exil gewährten Personen gehört auch in Chile die Versicherung, sich politisch zurückzuhalten. Das könnte auch einer der Gründe gewesen sein, warum Margot Honecker manchen Interview-Wunsch ablehnte, zumal sie in dem Deutschland jagenden Erich Honecker hinreichend miserable Erfahrungen mit Medien gesammelt hatte.

Die Lüge der Lügen

An das wohl beschämendste Beispiel, das in jedem anderen Land den Initiatoren eine gepfefferte Strafe eingetragen hätte, sei hier erinnert, schon weil es seit Jahr und Tag beharrlich verschwiegen wird. Gemeint ist die entscheidende Passage der Titelstory des *stern* vom 22. November 1990: »Honeckers Lebenslüge«.

Schon der Anfang der Geschichte war lausig erfunden. Am 18. Oktober 1989 sei es im Politbüro des ZK der SED zu einem heftigen Streit gekommen, in dessen Verlauf MfS-Chef Mielke Honecker gedroht haben sollte: »Ich kann ja mal auspacken über dich!« Später sei das »Belastungsmaterial« in einem roten Koffer in Mielkes Aktenschrank gefunden worden. Der Koffer – so der *stern* – »blieb bis zur Vereinigung am 3. Oktober im ›Kellerarchiv‹ liegen. Danach wurde er der Bundesanwaltschaft in Karlsruhe übergeben. Der zuständige Ermittlungsrichter: ›Die Dokumente sind absolut echt, daran gibt es nicht die geringsten Zweifel.‹

Die Akten, die dem *stern* in Kopie vorliegen, beweisen eindeutig: Das Heldenbild, das Honecker nach dem Krieg von sich selbst zeichnete, ist ein Gemisch aus Wahrheit und Lüge, Beschönigung und Übertreibung. Bei den Gestapo-Verhören und während seiner zehn Jahre in Nazi-Haft hat sich Honecker keineswegs so ›bewährt‹, wie er [...] es weismachen möchte.

Die habilitierte Historikerin Monika Kaiser, die Anfang dieses Jahres im Auftrag der Ostberliner Staatsanwaltschaft die Honecker-Akten durchforstete, kommt zu dem Ergebnis: ›Es drängte sich immer wieder der Eindruck auf, dass Honecker […] stets zuerst an die eigene Person dachte.‹«

Am 3. Dezember 1935 »traf er sich mit Sarah Fodorová, einer aus Prag geschickten jüdischen Medizinstudentin. Die junge Frau, die – möglicherweise ohne eigenes Wissen – als Kurier eingesetzt wurde, übergab Honecker einen Umschlag mit 350 Reichsmark, einen Notizblock mit verschlüsselten Nachrichten und einen Gepäckschein […] Am nächsten Morgen flog die gesamte Widerstandsgruppe Baum auf. Honecker wurde beim Verlassen seiner Wohnung verhaftet. Schon die ersten Vernehmungsprotokolle zeigen ihn in seiner ganzen Widersprüchlichkeit. Einerseits bekennt er sich klar zu den Zielen der Kommunistischen Partei. Andererseits aber entschlüsselt er für die Gestapo im zweiten Verhör […] einen Notizbuch-Eintrag, der präzise Angaben über Ort, Zeit und Umstände eines konspirativen Treffs in Prag enthielt. […] Besonders verhängnisvoll erwies sich Honeckers Verhalten in den Verhören für die Jüdin Sarah Fodorová. […]

Auch in einer zweiten Vernehmungsrunde im Mai 1936 belastete Honecker Sarah Fodoravá. […] So schrieb Honecker über seine Befragung in Sachen Sarah Fodorová: ›Ich habe ausgesagt, dass ich nicht weiß, ob sie den Inhalt dieser Dinge *(gemeint sind der Koffer und das Notizbuch – d. Red.)* kannte. Wenn sie darauf besteht, kann sie freikommen.‹ Der Untersuchungsrichter sah darin neue ›belastende Angaben gegen die Angeschuldigte Fodorová‹. […] Am 8. Juni 1937 sprach der Volksgerichtshof das Urteil im Hochverratsprozeß gegen ›Bruno Baum und andere‹. Baum wurde zu dreizehn

Jahren Zuchthaus verurteilt, Honecker bekam zehn Jahre. Für Sarah Fodorová endete das Verfahren, völlig überraschend mit einem Freispruch. Dagegen erhob jedoch, so ergaben Nachforschungen von Monika Kaiser, die Abteilung IV des Reichssicherheitshauptamts bereits am 22. Juni Einspruch – ›unter Verweis auf die Aussagen von Honecker‹. Das weitere Schicksal von Sarah Fodorová ist unbekannt.«

Das druckte der *stern* und hat nie hinterher bekannt, dass – vor allem der letzte Satz – eine haarsträubende Lüge war.

Der Artikel erfüllte mehrere Straftatbestände. So »§186. ÜBLE NACHREDE. Wer in Beziehung auf einen anderen eine Tatsache behauptet oder verbreitet, welche denselben verächtlich zu machen oder in der öffentlichen Meinung herabzuwürdigen geeignet ist, wird, wenn nicht diese Tatsache erweislich wahr ist, mit Freiheitsstrafe bis zu einem Jahr oder mit Geldstrafe und, wenn die Tat öffentlich oder durch Verbreiten von Schriften (§ 11 Abs. 3) begangen ist, mit Freiheitsstrafe bis zu zwei Jahren oder mit Geldstrafe bestraft.

Oder: »§ 187. VERLEUMDUNG. Wer wider besseres Wissen in Beziehung auf einen anderen eine unwahre Tatsache behauptet oder verbreitet, welche denselben verächtlich zu machen oder in der öffentlichen Meinung herabzuwürdigen oder dessen Kredit zu gefährden geeignet ist, wird mit Freiheitsstrafe bis zu zwei Jahren oder mit Geldstrafe und, wenn die Tat öffentlich, in einer Versammlung oder durch Verbreiten von Schriften (§ 11 Abs. 3) begangen ist, mit Freiheitsstrafe bis zu fünf Jahren oder mit Geldstrafe bestraft.«

Der *stern* hatte mit der Veröffentlichung eindeutig die Absicht verfolgt, jemanden, nämlich Erich Honecker, »verächtlich zu machen oder in der öffentlichen Meinung herabzuwürdigen«.

Behauptet worden war in der Illustrierten, er habe die Fodorová an die Nazis verraten. Die Floskel, ihr »Schicksal ist unbekannt«, ließ den Eindruck entstehen, dass dieser Verrat sie das Leben gekostet hatte.

Wie Erich Honecker auf diese Verleumdung reagierte, beschrieb sein Verteidiger Friedrich Wolff im Buch »Verlorene Prozesse« (edition ost, 2009): »Der Angriff des *stern* [...] traf unseren Mandanten besonders empfindlich. [...] Recht glaubhaft war die *stern*-Story [...] allerdings nicht. [...] Auch Peter Przybylski, der ehemalige Staatsanwalt, berichtete ausführlich unter Überschriften wie ›Der manipulierte Lebenslauf‹ und ›Verrat an die Gestapo‹ über die ›Lebenslüge‹. Er mutmaßte: ›Der Freispruch für die Jüdin Sarah Fodorová dürfte sie kaum vor der Gestapo gerettet haben.‹«

Die Przybylski-Version

Hier kann auf eine Ergänzung nicht verzichtet werden. Przybylski war ein Typ mit einer Super-DDR-Karriere: Schmelzer im Stahlwerk Gröditz, Jura-Student in Leipzig, Staatsanwalt in Zerbst, Chefredakteur der *Neuen Justiz*, Staatsanwalt beim DDR-Generalstaatsanwalt, zuständig für Öffentlichkeitsarbeit, Star der TV-Sendereihe »Der Staatsanwalt hat das Wort«. Nach 1990 hoffte er als Autor von spektakulären DDR-»Enthüllungen« auf eine neue Karriere und widmete sich dabei vor allem dem Politbüro (zwei Bände) und Honecker. In diesem konkreten Fall wollte er den *stern* noch übertreffen, als er schlicht behauptete, Honecker habe die Fodorová »verraten«.

Honoriert von der Stasiunterlagen-Behörde hielt er später einen Vortrag über einen »Geheimkoffer« Mielkes und erwähnte mit einem Nebensatz im Hinblick auf die Fodorová-Affäre, dass »wir damals noch dem Irrtum unterlegen waren, dass die Genossin Fodorová, also diese tschechische jüdische Medizinstudentin, von der Gestapo umgebracht worden sei und möglicherweise ein Opfer von Honecker geworden war. Das war falsch.«

Und dieser Feststellung folgte nicht etwa eine Entschuldigung oder das Bekenntnis, dass ein Staatsanwalt Fakten, die ihm nicht bekannt sind, nicht öffentlich verbreiten darf.

Nein, seine »Erklärung« lautete: »Wir wussten es damals nicht besser.«

Wahr war: Przybylski und die anderen, die zum Kreis der »Wir« gehörten, hatten es damals nicht besser wissen *wollen* und wurden auch nur durch einen Zufall der Lüge, übler Nachrede und Verleumdung überführt! (Heute agiert Przybylski übrigens als »Rechtsanwalt« und empfiehlt sich, für rechtsstaatliches Recht und die Gerechtigkeit einzutreten.)

Der Honecker-Verteidiger Friedrich Wolff präsentierte in seinem Buch (»Verlorene Prozesse«) die Fakten des Zufalls: »Honecker war gegenüber diesen Berichten damals praktisch wehrlos. Erst 1992 suchte mich ein Ostberliner auf, der von einer Reise nach Israel zurückgekehrt war, und brachte mir einen Brief der Fodorová an die *Super!*, der folgenden Inhalt hatte:

›Sarah Fodorová-Wiener 20.3.1992
Rehov Rama 7, Neveh Sarett,
Tel-Aviv 69186, Israel
An die Redaktion der Zeitschrift *Super!*
Berlin, BRD

Ich habe heute zufällig einen Aufsatz in *Super!* vom 9.9.1991 gelesen, in dem von mir die Rede ist, und ich möchte einiges richtigstellen. Mein Name ist Sarah Wiener (früher Fodorová). Ich bin die Kurierin aus Prag, von der im Artikel die Rede ist. Ich wurde im Dezember 1935 verhaftet und vor ein Nazi-Volksgericht gestellt, zusammen mit Bruno Baum, Erich Honecker und anderen. Ich bin vom Gericht freigesprochen worden aus Mangel an Beweisen. Dies geschah dank der Aussagen und des Verhaltens von Honecker, der, was mich betrifft, mich nicht belastet noch verraten hat, im Gegenteil: er hat meine Aussagen bestätigt.

Herrn Honecker habe ich im Leben viermal gesehen, davon zweimal auf der Straße, einmal im Kaffeehaus, das vierte Mal während des Prozesses. Außer im Gerichtssaal waren unsere Begegnungen sehr kurz. Nach der Freisprechung kehrte ich in die Tschechoslowakei zurück, dann lebte ich in den USA, wieder in der Tschechoslowakei, und seit ungefähr 24 Jahren lebe ich in Israel – also keine Schutzhaft nach dem Gericht, kein KZ, kein Tod durch Gas, wie Sie schreiben.

Ich ersuche Sie nachdrücklich, diesen meinen Brief zu veröffentlichen.

Sarah Fodorová-Wiener.‹

Soweit ich weiß, wurde der Brief von der *Super!* nicht veröffentlicht. *Bild am Sonntag* erfuhr davon und beauftragte einen Journalisten, zu recherchieren. Dieser fuhr im Juni 1992 nach Israel, fand auch die Fodorová, die klipp und klar erklärte: ›Ich verdanke Honecker mein Leben. Daran besteht für mich überhaupt kein Zweifel. Auch wenn ich mit manchen politischen Entwicklungen in seinem Land nicht einverstanden war, werde ich ihm das und sein tapferes und mutiges Auftreten vor dem Nazi-Tribunal niemals in meinem Leben vergessen und ihm dafür immer dankbar sein.

Manches, was jetzt in Deutschland nach der Vereinigung geschieht, kann ich aus der Entfernung nicht richtig beurteilen. Aber ich kann mir nicht vorstellen, dass man einen alten Mann, der für seine politische Überzeugung, ich glaube 10 Jahre im Nazi-Kerker gesessen hat, noch einmal einsperrt. Nein, das kann ich nicht glauben. Ich kann auch nicht verstehen, wie verantwortungslos Ihre Zeitungen schreiben.‹

Bild am Sonntag druckte nichts von dem, was ihr der Reporter berichtete. Man erklärte: ›Das können wir nun wirklich nicht ins Blatt nehmen.‹« Soweit die Darstellung von Friedrich Wolff.

Erinnert werden soll daran: Gestartet worden war diese kriminelle Anti-Honecker-Kampagne vom *stern*.

Die Illustrierte hat die ehrenrührige Lüge nie korrigiert, nie den Brief der Fodorová veröffentlicht, ganz zu schweigen davon, dass sie es nie für nötig hielt, sich etwa bei Honecker zu entschuldigen.

Das tat übrigens auch Przybylski nie.

Damit wären die Erfahrungen, die Margot Honecker schon zu Lebzeiten ihres Mannes mit den BRD-Medien gesammelt hatte, hinreichend genug beschrieben, um zu begreifen, dass sie wenig Lust verspürte, deren Abgesandten künftig noch Fragen zu beantworten. Dabei wuchs die Zahl derer, die Interesse daran bekundeten, ständig, inzwischen auch, weil jeder den Ehrgeiz hatte, der Erste zu sein, dem sie ihre Gesprächsgunst schenkte.

Eine der Folgen dieser Tendenz war, dass »ihr Manager« ständig mit derlei Anfragen und Ersuchen behelligt wurde – und sie abschlägig beschied.

So blieb mir nichts anderes übrig, als eine datierte Liste der »Dauer-Kunden« anzulegen, um jeweils auf die letzte Absage verweisen zu können.

Johnny Nordens Auftritt

Nachdem der legendäre Luis Corvalan sie interviewt und die Präsentation der spanischen Fassung seines Buches »Gespräche mit Margot Honecker« noch vor der Jahrtausendwende in Santiago angekündigt hatte, meldete sich bei Margot Honecker ein Gast aus Deutschland, der den »Manager« umgangen hatte, direkt nach Santiago gereist war und den sie auch ahnungslos hereinbat: Johnny Norden. Den kannte sie von früher. Schließlich war er der Sohn eines Mannes, der viele Jahre als Kommunist für seine Ideale gekämpft hatte, als Jude aus Nazi-Deutschland fliehen musste und von 1958 bis 1981 mit Erich Honecker am Politbüro-Tisch saß: Albert Norden. Dessen Sohn Johnny – zu DDR-Zeiten an der Parteihochschule und im diplomatischen Dienst bei der DDR-Botschaft in Chile tätig – saß also irgendwann im Jahr 2000 in ihrem Wohnzimmer und bat sie um ein Interview. Sie bewirtete den Sohn des 1982 verstorbenen Albert N., wie es unter Genossen üblich ist, blieb aber auch ihm gegenüber ihrem Prinzip treu und lehnte ein Interview ab.

Luis Corvalan lud Nordens Sohn zum Abendessen und Margot Honecker dazu. Man unterhielt sich angeregt und nahm Abschied, wie man es unter Genossen zu tun pflegt. Danach verließ Johnny Norden Chile und man hörte lange nichts von ihm.

Dann versuchte ein Außenseiter zu Medienmeriten zu gelangen und zwar ein gewisser Malte Sieber. Aufgewachsen in Rheinsberg, hatte er nach eigenen Angaben an der Humboldt-Universität Germanistik und Anglistik studiert, war 1992 freiwillig nach Chile übergesiedelt und empfahl sich im Internet als »Autor für verschiedene deutsche Medien, Chefredakteur der deutsch-chilenischen Wochenzeitung *Condor,*« – in Klammern wurde allerdings dezent angedeutet, dass das Blatt schon im Jahr 2000 das Zeitliche gesegnet hatte – und »Autor verschiedener Reiseführer über Chile«.

Dieser Malte Sieber behauptete am 14. Oktober 2000 in einen »Dreierpack«-Artikel – für die *Märkische Allgemeine,* die *Ostseezeitung* und die *Freie Presse*, dass Margot Honecker »zumindest mit einem ehemaligen Journalisten intensiv geredet hat. ›Man kann aus der Niederlage des Sozialismus mindestens eine grundlegende Lehre ziehen‹, gab sie Luis Corvalan zu Protokoll. ›Man darf die Rolle der marxistischen Partei nicht in Zweifel ziehen.‹ Am heutigen Donnerstag stellt Corvalan, langjähriger Generalsekretär der Kommunistischen Partei Chiles, in Santiago sein Buch ›Das andere Deutschland, die DDR. Gespräche mit Margot Honecker‹ vor. Der späte Versuch der Ehrenrettung des sozialistischen Traums wird zugleich Margots erster öffentlicher Auftritt seit sechs Jahren. Der heute 84-jährige Corvalan machte bereits vor seinem Aufstieg an die Parteispitze mit flammenden politischen Schriften und Artikeln von sich reden. 1973 von Pinochet verhaftet und auf der Insel Dawson interniert, kannte in der DDR nach einer groß angelegten Solidaritätsaktion jedes Kind seinen Namen. 1977 kam er frei und ging ins Moskauer Exil. In der chilenischen Linken gilt er als marxistischer Hardliner, nach seiner Rückkehr spielte er jedoch keine Rolle mehr in der

Politik. Dieses Schicksal teilt er mit seiner Gesprächspartnerin. Beide, das wird in dem Buch deutlich, grollen bis heute Gorbatschow und seiner Perestroika, denen sie die Hauptschuld am Zusammenbruch des sozialistischen Lagers geben. ›Die Befürworter von Perestroika und Glasnost verschlossen Augen und Ohren vor der schwerwiegenden Situation in der UdSSR‹, klagt Margot.

Seit acht Jahren lebt die heute 73-jährige in dem friedlichen Villenviertel La Reina Alte an den Hängen der Vorkordilleren. Das zweistöckige Haus mit vier Zimmern hatte Tochter Sonja noch während der Bauphase gekauft und für ihre Eltern einrichten lassen. Sie selbst war ihrem chilenischen Mann Fernando Yanez, den sie während seines Exils in der DDR kennen gelernt hatte, nach Santiago gefolgt, wo sie sich bald darauf trennten. Heute lebt Sonja mit ihrer elfjährigen Tochter Viviana nur ein paar Straßen entfernt. […]

Margot […] ist offensichtlich auf dem Laufenden über die Ereignisse im vereinigten Deutschland. Freilich nimmt sie vor allem die negativen Aspekte der Entwicklung wahr, was ihrem fest gefügten Weltbild Kratzer erspart: ›Der Kapitalismus herrscht wieder in ganz Deutschland. Die Lebensbedingungen für einen großen Teil der Menschen sind dadurch immer härter geworden‹, urteilt sie.«

Diese Beschreibung Margot Honeckers ward den Lesern in und um Rostock, Potsdam und Chemnitz im Jahr 2000 präsentiert worden.

2009 käme man nicht umhin hinzuzufügen, dass Margot Honeckers Beurteilung der deutschen Gegenwart sich bitter bestätigte.

Aber zurück ins Jahr 2000. Einen Tag, nachdem die Sieber-Story erschienen war, strömten in Santiago de Chile 200 Interessenten zusammen, um Zeugen der Buchpremiere zu werden. Dass fast alle in Chile als Korrespondenten tätigen deutschen Journalisten erschienen waren, ließ erkennen, dass Malte Sieber die zumindest nicht davon überzeugt hatte, zu Hause zu bleiben.

Auch noch offene Fragen

Bei dieser Buchvorstellung ergriff Margot Honecker zum ersten Mal seit ihrer Ankunft in Chile in der Öffentlichkeit das Wort: »Vielleicht fragt mancher, was Don Lucho *(so redet sie Corvalan in der Regel an – K. H.)* und mich bewogen hat, das eine und das andere von den vielen Gesprächen, die wir hatten, in die Öffentlichkeit zu bringen. Aus vielen Begegnungen weiß ich, dass es in Chile, in dem Land, in dem ich ein Zuhause gefunden habe, nicht wenige Menschen gibt, die sich aus unterschiedlichster Sicht für die Fragen interessieren, die er in unseren Gesprächen aufgeworfen hat.

Ich habe versucht, aus meiner Sicht auf einige Fragen Antwort zu geben. Es sind und bleiben noch viele Fragen offen, und es gibt nicht wenige Fragen, auf die es wohl heute noch keine gültigen Antworten gibt oder geben kann. Wir äußern also Gedanken, Überlegungen, die der Leser weiter bedenken oder in Frage stellen wird, um sich eine eigene Meinung zu bilden. Es ist sicher eine berechtigte Frage, ob heute ein Interesse daran besteht, sich mit zurückliegenden Ereignissen, wie wir sie in diesem Büchlein aufgreifen, zu befassen. Schließlich leben wir in einer Zeit, da die Menschen überflutet werden von sich überstürzenden Ereignissen, in einer Zeit auch, angefüllt mit persönlichen Sorgen, in einer Zeit wachsender wirtschaftlicher, sozialer Spannungen und zunehmender Konflikte in verschiedenen Ländern auf allen Kontinenten unserer Erde. Wer die Entwicklung unserer Welt heute hinterfragt, kommt nicht umhin, sie in Beziehung zu setzen zu dem, was vor über einem Jahrzehnt im Herzen Europas geschah. Es ist doch immer klarer erkennbar, dass die ›Wende‹, die in Europa stattfand, der Auslöser war für die tief greifenden Veränderungen, die sich seitdem in der Welt vollzogen haben und vollziehen. Es läuft nun, da die sozialistischen Länder Europas in den Kapitalismus zurückkatapultiert wurden, ungehemmt eine Entwicklung ab, die zu immer größeren Belastungen der Armen in dieser Welt führt, zu ungehemmter Einmischung der großen und mächtigen Staaten in die inneren Angelegenheiten der schwächeren – und dies wieder mit Gewalt und Krieg. Und es ist nicht zu übersehen, dass sich eine Entwicklung vollzieht, in der sich die neofaschistische Gefahr ausbreitet. Ich denke, Heutiges wird nur verständlich, wenn man es in historischen Zusammenhängen sieht.

Wir sprechen in dem vorliegenden Büchlein ein wenig über die Geschichte der DDR. Um sich über die Geschichte der DDR, ihre Entstehung, ihr Wachsen und ihr Ende ein Bild machen zu können, muss man ihre Geburt, ihre Entwicklung und ihre Niederlage in Zeit und Raum, in Zusammenhängen und nicht losgelöst vom Verlauf internationaler Entwicklungen betrachten. Was in dieser Publikation darüber gesagt ist, erhebt nicht den Anspruch auf eine umfassende Geschichtsbetrachtung. Es werden Fakten benannt, die mehr oder weniger bekannt, manchen Jüngeren aber unbekannt oder bei manchen in Vergessenheit geraten sind. Es ist unser Anliegen, einen bescheidenen Beitrag dazu zu leisten, historische Wahrheiten gerade jetzt in Erinnerung zu rufen. Leider ist durch das Trommelfeuer verleumderischer Politik und einer Geschichtspropaganda, die jenem aktuellen Zeitgeist huldigt, der verlangt, alles in Frage zu stellen und zu verleumden, was sozialistisch war, in den Köpfen vieler Menschen längst ein verzerrtes Bild entstanden. Denn die Achtung vor der Wahrheit ist nicht die Stärke der heutigen Propaganda und sogenannter historischer Darstellungen, weder über den Sozialismus, um den wir uns bemüht haben, noch über die Länder, die sich unter großen Schwierigkeiten heute weiter darum bemühen.

Es ging uns bei den Betrachtungen, was und wie der Sozialismus in der DDR war, bei allem Ungelösten, Unvollkommenen, das ihm anhaftete und bei den vielen offen gebliebenen Wünschen, besonders darum, deutlich zu machen, dass Arbeit, Bildung, Kultur für alle, Sorge um die Kinder und die Alten, solidarisches Miteinander, Achtung vor anderen Völkern und Rassen, Antifaschismus und Frieden in der DDR beheimatet waren.

Nicht alle unsere Ideale und Ziele konnten wir verwirklichen. 40 Jahre sind in der Geschichte der Menschheit nur eine kurze Zeit. Aber in diesen wenigen Jahrzehnten wurde mehr für die Verwirklichung der Menschenrechte getan als gestern und heute in den Ländern des Kapitals, die sich so gern anmaßten und anmaßen, in den sozialistischen Ländern Menschenrechte einzuklagen.

Ob es uns gelungen ist, ein wenig begreiflich zu machen, dass jeder Schritt beim Aufbau einer neuen Gesellschaft ein Schritt in eine neue Welt war, ein ständiges Suchen nach immer neuen Lösungen, dass wir auch irrten, dass wir Fehler machten, dass unsere Ordnung ihre Kinderkrankheiten und Wachstumsschwierigkeiten hatte, dass wir gute Freunde, aber auch gefährliche Feinde hatten, das soll der Leser beurteilen. Ich will auch gleich vorweg sagen, dass Sie von mir keine umfassende Betrachtung oder gar Analyse der Ereignisse 1989 erwarten können. Das versuchen zu wollen, wäre vermessen von mir. Noch gibt es nirgends eine tief greifende Analyse der Ursachen der Wende in Europa, doch gibt es mehr und mehr theoretische Diskussionen und wissenschaftlichen Meinungsstreit, der zur weiteren Klärung beitragen wird. Ich habe nur einige Gedanken dazu geäußert. Vielleicht enttäusche ich einige, die von mir so etwas wie Plaudereien aus den Hinterzimmern der Chefetagen oder Urteile über Personen erwarten, mit denen ich gemeinsame Wege ging, bis sie vor oder nach 1989 andere Wege einschlugen, die Seiten wechselten, die sich irrten in der Politik und so Verantwortung für Geschehenes tragen. Darüber, so denke ich, wird die Geschichte urteilen.

Vielleicht enttäusche ich einige Freunde, die so etwas wie meine Memoiren erwartet hätten. Und jene, die, wie heute üblich, darauf aus sind, die Intimsphäre von Menschen, die in der Öffentlichkeit standen oder stehen, zu vermarkten, kommen auch nicht auf ihre Kosten.

Wir haben dem Büchlein den Titel gegeben ›Das andere Deutschland‹. Das andere Deutschland wurde in unserer Geschichte stets durch jene verkörpert, die auf der Seite des Fortschritts gegen die Reaktion standen. Das andere Deutschland, das waren die Spanienkämpfer, die die spanische Republik verteidigten. Das andere Deutschland repräsentierten diejenigen, die in der Zeit der Hitlerdiktatur gegen Faschismus und Krieg in

Deutschland oder in Frankreich in der Resistance oder in der Sowjetarmee oder gemeinsam mit Partisanen gegen den Faschismus und – wo auch immer – gegen Unterdrückung und für die wahren Menschenrechte kämpften. Das andere Deutschland wurde auch vertreten durch die vom Faschismus in die Emigration getriebenen Kommunisten, Sozialisten, Christen und Juden, darunter viele deutsche Dichter und Geistesschaffende. In der Zeit des in zwei Staaten geteilten Deutschlands war dieses andere Deutschland die Deutsche Demokratische Republik, ihre Bürger, die sich diesem fortschrittlichen Erbe der Geschichte verpflichtet fühlten.

Das andere Deutschland heute, das sind die demokratischen Kräfte, das sind die Linken, die leider noch geschwächt und nicht einig sind, die dennoch eine Kraft sind in Ost und West, die gegen Sozial- und Demokratieabbau, die gegen Krieg und Rüstung und gegen den eskalierenden Faschismus kämpfen. Die konsequentesten unter ihnen wissen wohl, dass heute nicht die Zeit ist für Illusionen, dass es tagtägliche Mühen erfordert, die Interessen der Menschen zu verteidigen, verlieren aber dennoch nicht das Ziel aus den Augen, eine gerechte menschliche Gesellschaft zu erkämpfen.

Ich mache auch in diesem Büchlein kein Hehl daraus, dass ich bei aller kritischen Betrachtung von Versäumnissen und Fehlern mit denen übereinstimme, die dafür eintreten, dass es die historischen Erfahrungen des Sozialismus zu bewahren gilt für ein besseres Morgen.«

Thomas Mann sagte einmal in einer seiner Radiosendungen während des Krieges: »Man braucht keine Macht, um die Wahrheit sagen zu können.«

Margot Honeckers Erklärung wurde so ausgiebig zitiert, um dem Leser die Chance zu bieten, sich selbst ein Bild zu machen und nicht von denen abhängig zu sein, die ihre sachlichen Feststellungen durch eigene Kommentare ersetzten.

Köhler und die Talente

Der 2008 veröffentlichte Armutsbericht der Bundesregierung ließ wissen, dass jeder vierte Bundesbürger unterhalb der Armutsgrenze lebt, was auch in entscheidendem Maße die Bildungsmöglichkeiten tangiert. Das bewog den Bundespräsidenten Horst Köhler in einer Rede zum 50jährigen Bestehen der Naumann-Stiftung zu fordern: »Es ist ein Gebot der Gerechtigkeit, allen die Chance zu geben, ihre Talente zu entwickeln und durch Leistung sozialen Aufstieg zu erreichen. […] Arbeiten Sie mit daran, dass gerade diejenigen, die sich heute als chancenlos empfinden, dazu ertüchtigt werden, in eigener Leistung in Selbstbestimmung ihre Leben zu gestalten und zu meistern.« Margot Honecker war in der DDR für die Bildung zuständig, und sie hatte oder hätte nie gegen die Gefahr kämpfen müssen, dass sich Mitglieder der Gesellschaft als chancenlos empfanden.

In diese Ringecke schob sie dann Johnny Norden, der wieder auf der Bildfläche erschien, als in Berlin die ins Deutsche übersetzte Fassung des Buches vorgestellt wurde. Und zwar im *Neuen Deutschland*, was umso verwunderlicher sein musste, weil von den wenigsten deutschen Buchlesern erwartet werden konnte, dass sie ausgerechnet an jenem Tag, da die deutsche Fassung erschien, an einer spanischen Ausgabe interessiert sein könnten. Schon die Schlagzeile »Offenbarungen der First Lady der DDR« ließ die Absicht der Redaktion durchschimmern. Angekündigt wurde Nordens »Rezension« mit den Zeilen: »Treue *ND*-Leser werden sich an unseren Bericht Ende vergangenen Jahres über die Pressepräsentation eines Buches in Chile erinnern, in dem sich erstmals seit ihrer Flucht aus der DDR vor elf Jahren Margot Honecker zu Wort meldete: ›Das andere Deutschland. Die DDR – Gespräche mit Margot Honecker‹. Auf 200 Seiten interviewt Luis Corvalan die First Lady der DDR, die als Ministerin für Volksbildung und Mitglied des ZK der SED entscheidenden Einfluss auf die Entwicklung des ostdeutschen Staates hatte.

Wir baten unseren Autor, das bislang nur in Spanisch vorliegende Buch vorzustellen.«

Mit der Behauptung, Margot Honecker habe als »First Lady« und Ministerin »entscheidenden Einfluss auf die Entwicklung des ostdeutschen Staates« gehabt, folgte die »Sozialistische Zeitung« millimetergenau den Vorgaben der pausenlos gegen die DDR geführten Kampagnen. Und auch der Autor – Enkel eines jüdischen Rabbiners und Sohn eines DDR-Spitzenpolitikers – mühte sich, solchen Leitlinien zu folgen: »Zunächst: Der Titel ist irreführend. Wer mit diesem Buch die DDR kennen lernen möchte, wird enttäuscht sein. Die Millionen Menschen, die 40 Jahre in diesem Land lebten, finden in dem Buch kaum Erwähnung, bestenfalls als Objekte ›unserer Politik‹. […] Margot Honeckers Antworten auf die Fragen von Luis Corvalan ähneln über weite Strecken hinsichtlich Argumentation und Terminologie einem Studienmaterial für das SED-Parteilehrjahr aus den späten 80er Jahren.« Diese Bemerkung verdient besondere Beachtung, dieweil bekannt war, dass Norden an der Parteihochschule für Schulungsmaterial zuständig war, was man Margot Honecker wiederum nicht anlasten kann.

Norden teilt dem Zeitungsleser nicht mit, was tatsächlich in dem Corvalan-Buch steht, sondern verteilt vor allem Haltungsnnoten an Margot Honecker: »Gerade dass sich hier und in vielen anderen Abschnitten des Interviews offenbarende Verständnis von Demokratie und politischer Führung war es, welches entscheidend zum Scheitern des ersten Sozialismusversuchs auf deutschem Boden beigetragen hat. Wenn man, wie Margot Honecker, die sozialistische Revolution als einen Gestaltungsprozess auffasst, der getreulich nach einem bestimmten theoretischen Konstrukt oder vielmehr nach Konzeptionen, wie sie den politischen Führern vorschweben, zu erfolgen habe, muss jeder Versuch am Baum enden. Bekanntlich wich gerade in den Jahren der beiden Honeckers in dem Maße, wie in der DDR ›die Theorie‹ zum Maßstab für die Gestaltung der realen Gesellschaft wurde, die reale Gesellschaft von dieser Theorie ab. Doch nicht ›die Theorie‹ wurde für die zunehmenden Schwierigkeiten, Krisen und Stagnationserscheinungen verantwortlich gemacht, sondern die Realität. […]

Margot Honecker beherrscht die Kunst des Auslassens. Es fällt dennoch auf, dass sie auf allen 200 Seiten nicht ein einziges Mal die Existenz des Ministeriums für Staatssicherheit (MfS) und des Ministeriums des Inneren (Mdl), ja merkwürdigerweise noch nicht einmal die der Nationalen Volksarmee (NVA) erwähnt, geschweige denn eine Meinung zu deren jeweiliger Rolle artikuliert. […] Aber ansonsten wird dem Leser durch Margot

Honeckers Ausführungen nur erneut die Sprachlosigkeit und Handlungsunfähigkeit der SED-Führung ins Gedächtnis gerufen: keine Selbstkritik, keine Analyse der Gründe für die massenhafte Republikflucht, kein Wort über die Massendemonstrationen gegen die Parteipolitik.«

Und nach diesen politischen Sechsernoten, holte Norden zum ganz großen Schlag aus: »Die Antworten Margot Honeckers sind offensichtlich aus dem Deutschen ins Spanische übersetzt worden – vermutlich von mehreren Dolmetschern, da die Übersetzungen unterschiedlicher Qualität sind. [...] Dann liest man noch, dass nach der Niederschlagung der Naziherrschaft im Osten Deutschlands der private Großkonzern FICK verstaatlicht wurde. So lehrt uns das Buch doch noch etwas: An den Verleumdungen der Bourgeoisie, die Kommunisten würden die Frauen vergesellschaften, ist doch etwas dran.«

Nordens Vater war lange Jahre Journalist. Wegen seiner geschliffenen Sprache ein oft gefürchteter, wäre anzufügen. Man hätte keine Mühe sich vorzustellen, wie er diese billig-obszöne Stilblüte empfunden hätte: Er hätte sich geschämt.

Matthias Oehme, Verleger des inkriminierten Werkes, das die Verlage Das Neue Berlin und spotless wenige Tage später in einem chilenischen Restaurant in Berlin vorgestellt hatten, bezog sich auf Nordens Schlagzeile »Offenbarungen der First Lady« und schrieb dem *ND* einen munteren Leserbrief: »Von den chilenischen Genossen lernen heißt dazulernen! Ja, all die schlimmen Vorwürfe gegen Frau Honecker treffen, glaube ich, zu. Sie hat weder dazugelernt, geschmeidiges Deutsch wie, sagen wir mal, die *Welt*, die *BZ* oder das *ND* zu schreiben, sie hält Gorbatschow immer noch für eine antikommunistische und verantwortungslose Pfeife, und über die DDR hat sie weder beim Forschungsverbund SED-Staat noch im Dresdner Institut für Totalitarismusforschung Informationen eingeholt. Aber das alles ist von Ihrem Rezensenten gottlob sehr ordentlich und auch recht mutig herausgearbeitet worden.

Eine kleine Unsicherheit gibt es allerdings bei der Firma FICK. Denn da hat der Chilene was dazugelernt; im Gegensatz zu Frau Honecker, die wir im Weiteren mal ruhig vertraulich Margot oder First Lady (wie wär's heute mit Last Lady? Ich hielte das für mutig!) nennen wollen. Wie die Deutschen nämlich ihre Waffenfabrikanten schreiben, von denen sie sich ficken lassen, ist völlig gleichgültig. Auf ein L kommt's da nicht an, will uns der Chilene sagen (und Recht haben sie, die Chilenen). Und so denken die auch von Regierungen, von der Presse etc., von Außenminister Joschka Fick zum Beispiel oder, sofern sie das *ND* lesen, von Ihrem Rezensenten Johnny Fick, der sich also über einen Druckfehler belustigt hat, der in Wahrheit gar keiner ist! Der Chilene, als Setzer und Genosse, lernt eben dazu, wodurch er nicht so blöd bleibt wie viele Menschen in unserem teilweise schon alphabetisierten Land.«

Die Berliner Buchpräsentation war übrigens gut besucht, vielleicht auch, weil angekündigt worden war, Margot Honecker würde telefonisch aus Santiago zugeschaltet. Von dieser Ankündigung hatten sich offensichtlich einige Sensationsreporter die Chance erhofft, der Ex-Ministerin rüde Fragen stellen zu können.

Zumal das Kampfblatt *SUPERillu* kurz zuvor die Mär verbreitet hatte, Margot Honecker läge mit unheilbarem Knochenkrebs in einer Klinik in Havanna und habe dort ihren letzten Wunsch geäußert: Sie wolle noch einmal ihre Tochter sehen.

Auch für diesen Fall galt: Mediale Lügen werden ungeachtet ihrer Dimension wie sportliche Höchstleistungen notiert. Die Grundregel lautet: Je infamer die Story, desto spektakulärer der »Rekord« – die Chance auf höhere Quoten oder Auflagen.

An der Knochenkrebs-Ente stimmte nur, dass sich Margot Honecker in einer Klinik in Havanna aufgehalten hatte. Der Hintergrund war mühelos aufgeklärt: Da Chiles ausschließlich private Krankenversicherungen sie bei ihrem Alter nicht mehr zu erschwinglichen Beiträgen aufgenommen hatten, luden die Kubaner sie ein, einen jährlichen Strandurlaub mit einem medizinischen Rundum-Check zu verbinden. Zu ihrer und der kubanischen Gastgeber Freude waren alle Befunde negativ.

Dass das Skandalblatt, das sich gern sozial gibt und sich alljährlich für den Missbrauch der Helga-Hahnemann-Popularität bei der Verleihung der »Goldenen Henne« feiern lässt, je auch nur eine Notiz gedruckt hätte, die Knochenkrebsdiagnose sei gegenstandslos, wurde nicht bekannt. Dafür rühmte Bundespressepräsident Horst Köhler bei der Übergabe der »Goldenen Henne« an ihn, dass durch die „Vereinigung viel erreicht« worden sei. Für die Dimension der Medienhemmungslosigkeit war das durchaus zutreffend.

Was ist wahr am »Knochenkrebs«?

Die *Frankfurter Allgemeine Zeitung* widmete der Vorstellung der deutschen Ausgabe des Corvalan-Honecker-Buches einen auffälligen Vierspalter: »Das kleine Restaurant ›Caiman‹ liegt im tiefen Friedrichshain und war zu DDR-Zeiten sicher eine typische Berliner Eckkneipe. Heute haben Burritos die Bockwürste verdrängt. [...] Wer die Idee hatte, hier das Buch [...] vorzustellen [...] ist ein gewisser Sinn für Symbolik nicht abzusprechen. [...]

Die ehemalige DDR-Volksbildungsministerin zieht es vor, in dieser Zeit nicht nach Deutschland zu kommen. [...]

Das erklärt mit wichtigem Ton ein älterer stämmiger Mann, der sich als Hauptperson der Veranstaltung erweist. Er heißt Klaus Huhn. [...] Was ihn jedoch viel interessanter macht, ist, dass er die chilenische Telefonnummer von Margot Honecker kennt. Außerdem gehört er zu den wenigen Menschen, mit denen die ehemalige First Lady der DDR überhaupt noch spricht. [...]

Endlich ist es soweit. [...] Schon die Pieptöne der Verbindungsaufnahme werden von den Lautsprechern übertragen. [...] Huhns erste Frage gilt der Gesundheit. Was denn dran sei, an den Gerüchten schwerer Krankheit. Margot Honecker klingt aufgeräumt. Auf ›faustdicke Lügen‹ sei man da reingefallen. [...] Darauf sagt Huhn: ›Nun kommen wir zur Sache. Was ist deine Meinung zu dem Buch?‹ Margot Honecker erzählt, dass sie statt ›unscharfer Erinnerungen‹ lieber ›Tatsachen und Fakten‹ hat sprechen lassen. Niemand könne von ihr erwarten, ihre Überzeugungen auf dem Altar der Zeitgeschichte zu opfern. Dann zitiert sie den Dichter Peter Hacks: ›Wessen sollten wir uns rühmen, wenn nicht der DDR?‹

Es folgt schon die letzte Frage. Sie ist ein wenig keck: ›Was passiert mit den Tantiemen?‹ Ein Stoßseufzer am anderen Ende: ›Ach Gott, ich habe nie für Geld geschrieben. Wenn ich all die Interviewwünsche der letzten Jahre erfüllt hätte, dann hätte ich heute weniger finanzielle Sorgen.‹«

Als sich bald darauf herumsprach, dass ich an einem Buch mit dem Titel ›Auskünfte über Erich Honecker‹ arbeitete und eine Reise nach Santiago de Chile plane, ließ man mich auf Umwegen wissen, dass die Redaktion der *SUPERillu* – die eben noch Margot Honeckers nahes »Knochenkrebs«-Ende samt letzten Wünschen verbreitet hatte –, mir ein fünfstelliges Honorar offeriere, wenn ich mit einem Exklusiv-Interview heimkehren würde.

Ich machte nicht viel Worte um die Ablehnung.

Am 12. November 2001 flog ich von Berlin nach Madrid und von dort mit dem Iberia-Flug 6833 von Madrid nach Santiago de Chile. Tags darauf landete ich um 9.52 Uhr Ortszeit in der chilenischen Metropole. Mit der Taxe fuhr ich nach La Reina. Dass ich gespannt dem Auftritt der »Wachen« am Eingang zum Honecker-Domizil entgegensah, ließ mich hinterher erkennen, dass auch ich keineswegs immun gegen bundesdeutsche Medienmärchen war.

Der Taxifahrer rollte mich zum Eingang eines von einstöckigen Reihenhäusern umgebenen Hofs, auf dem Kinder tobten. Das Hoftor stand offen, der angeblich schwer bewaffnete Wachposten schien ein Mittagsschläfchen eingelegt zu haben. Eine völlig unbewaffnete, geschürzte Frau schien zu ahnen, zu wem ich wollte, und winkte mich ans Ende des Hofes. Dass Margot Honecker in der offenen Tür stand, war weniger irgendwelchen Überwachungskameras zuzuschreiben, als ihrer Fähigkeit, sich auszurechnen, wie lange man etwa vom Flughafen bis zu ihrer Wohnung braucht. (Schließlich war sie einst Chefin von Schulen, in denen auch Mathematik gelehrt worden war.) Sie bat mich ohne Zeremonie herein, hieß mich willkommen und servierte ein zweites Frühstück. So kam es, dass Manager und Klientin das erste Mal beisammen saßen.

Und es soll keineswegs geleugnet werden, dass sie mir noch im Laufe des Vormittags das Bett zeigte, in dem ich schlafen würde. Ich verstaute meine Sachen und wir setzten unsere Plauderei fort. Erst im Wohnzimmer, dann auf der sonnigen Terrasse.

Paparazzo auf der Lauer

Wir ahnten nicht, dass die *SUPERillu* inzwischen eine neue Kabale eingefädelt hatte. Irgendwo in La Reina lag längst ein kamerabewehrter Spitzel – Fachbegriff Paparazzo – auf der Lauer, um uns als lüsternes Paar abzulichten.

Darauf spekulierend, dass der »Knochenkrebs« bei den Lesern längst in Vergessenheit geraten war, sollten nun zwei Mittsiebziger als Seniorenliebespaar abgelichtet werden. Zwei DDR-Veteranen, die sich in Santiago hinter Büschen versteckten.

Als die Sonne hinter den Kordilleren versank, besann ich mich meiner allabendlichen Gewohnheit, trockenen Weißwein mit Mineralwasser zu einer Weißweinschorle zu mixen. Die »First Lady« erwies sich als kundige Einkäuferin und empfahl einen Gemüsehändler, der auch Getränke feilbot. Nadelstreifentuch sei für diese Einkaufstour nicht vonnöten, meinte sie, und das bewog mich zu einer Nachlässigkeit, die dazu führte, dass mich selbst gute Freunde heute noch mitleidig fragen, ob sie mich beim Kauf eines neuen Trainingsanzugs beraten sollten.

Wir passierten ungesehen den nun wieder diensttuenden Wachmann – ein Typ, wie man ihm heute in fast jedem Westberliner Wohnhaus als Wachmann begegnet –, und bummelten zum La-Reina-Einkaufszentrum. Sie trug den Nachmittagslook einer nicht nach Aufsehen strebenden Frau, ich den bewussten Trainingsanzug.

Der Gemüsehändler hatte neben Spinat und anderem einheimischen Gemüse auch ein stattliches Angebot guter Weine. Ich erstand eine von ihm ausdrücklich empfohlene Flasche trockenen Weißweins und eine Flasche Mineralwasser.

Der Ladenbesitzer machte kein Hehl daraus, dass er die Dame an meiner Seite als Käuferin schätzte, ich hatte nicht den Eindruck, dass er über ihre »Vergangenheit« als Ministerin im Bilde war.

Auf dem Rückweg stoppte ein Auto mit quietschenden Bremsen direkt neben uns, und wenn eine durch eine Gesichtsmaske vermummte Figur geschrieen hätte: »Dies ist ein Überfall!« hätte uns das nicht sonderlich überrascht. Aber es war eine unvermummte Frau – mir fiel als erstes auf, dass sie einen extrem kurzen Rock trug –, die hinter ihrem Lenkrad hervorsprang, und uns völlig außer Atem zurief, dass ein Ausländer »con Camera« in just dem Laden, in dem wir eben eingekauft hatten, lärmend nach Frau Honecker gefragt habe und uns hinterhergestürmt sei.

Das hatte die empörte Chilenin bewogen, uns warnen zu wollen, doch hatte die ehrenwerte Frau erst zu ihrem geparkten Wagen laufen müssen. So kam es, dass sie mit ihrer Warnung noch gar nicht zu Ende gekommen war, als hinter uns ein Schrei gellte. Einer von der Art, wie man sie auf Kasernenhöfen hören kann.

Wir flohen trotz der Warnung nicht, suchten auch nirgendwo Deckung – typische Reaktion von langjährigen Bewohnern eines Landes, in dem Raubüberfälle nicht an der Tagesordnung waren –, sondern wandten uns tapfer um.

Als erstes hörten wir ein Klicken, der Kerl drückte danach mindestens zehnmal auf den Kamera-Auslöser. Ich hätte heute noch keine Mühe, einem mit der Aufklärung beauftragten Kriminalisten eine exakte Personenbeschreibung zu liefern: kornblondes, kurz geschnittenes Haar, ebenso blonder ungepflegter Oberlippenbart und ein auffallend flach-dumpfes Gesicht. Als er endlich die Kamera herunterließ, um eine andere mit längerem Objektiv hochzureißen, schrie er triumphierend: »Wir finden euch überall!« Die Stimme klang triumphierend schrill. Damit wussten wir immerhin, dass er ein Deutscher war. Gelassen blieben wir stehen und ließen ihn seine Arbeit zu Ende bringen. Dann warf er sich mit einer Miene, die an einen siegreichen Formel-I-Rennfahrer erinnerte, hinter das Lenkrad seines Autos und düste davon.

Ich bin sicher, dass er ein Handy im Wagen hatte und noch vor der nächsten Ecke nach Berlin melden ließ: Operation erfolgreich beendet!

Die nächsten acht Tage blieben wir unbehelligt, denn den Chilenen, die Margot Honecker in Santiago und Valparaiso auf der Straße erkannten, sie auf deutsch begrüßten und sich nach ihrem Befinden erkundigten, hätte man nicht vorwerfen können, dass sie uns belästigt hätten. Stellte mich Margot Honecker jemandem vor – nein, nicht als ihren Manager, sondern als einen Freund aus der DDR –, musste ich oft viele Fragen beantworten. Ein Ex-Asylant, war noch immer fanatischer Anhänger der Jenaer Zeiss-Elf und wollte von mir erfahren, mit welchen Chancen der Klub auf dem Weg in die 1. Bundesliga sei. Andere fragten nach Waldemar Cierpinski oder Kornelia Ender.

Es kam der Tag meiner Abreise. Margot Honecker hatte ihren Schwur gebrochen und mir ein Interview gegeben und dazu die Kopien vieler Dokumente und Briefe, die das Schicksal der Familie Honecker transparent machten. (Sie sind im spotless-Buch »Auskünfte über Erich Honecker« nachzulesen.)

Auch der couragierte Brief Kurt Masurs an das abgelöste Staatsoberhaupt, in dem er dessen Engagement für die Musikkultur der DDR rühmte, lag in dem Stapel.

Mit Dorfsheriff-Stimme

Am 22. November gegen 16 Uhr Berliner Zeit – nur Stunden nach meiner Rückkehr – rief mich ein »Wolfgang« aus der *SUPERillu*-Redaktion mit der Stimme eines jener unangenehmen Typen an, wie man sie zuweilen bei Dorfsheriffs in Hollywoodproduktionen hören kann und eröffnete mir, dass er ein Bild in Händen halte. Die Stimme hebend, fügte er hinzu: »Wissen Sie, wer da drauf ist? Margot Honecker und Sie!«

Die Stimme fiel ins Flüstern ab: »Tête à tête!« Er atmete laut und schien wohl darauf zu warten, dass ich ihn anflehen würde, das Bild zu zerfetzen und meine Frau nichts davon wissen zu lassen.

Sein Pech: Ich bin lange genug Journalist, um zu wissen, dass solche Bilder Nebenwirkungen haben – als unbezahlte und unbezahlbare Werbung.

Ich schwieg und legte auf.

Die nächste Ausgabe des Märchenblatts für Erwachsene erschien mit einem Bild von uns beiden auf der Titelseite und der fetten, schwarz auf gelb gedruckten Zeile: »In Chile ertappt – Der neue Mann an Margots Seite«. Für das Innere des Blattes wurden ausführliche Details angekündigt.

Der Text zu den immerhin vier Bildern auf den Innenseiten entsprach dem Niveau des Blattes und enthüllte auch – mit dem unausgesprochenen Vorwurf »DDR bleibt DDR« –, dass mein »billiger Trainingsanzug nicht in das vornehme La Reina mit seinen Millionen-Villen« passte. Um herauszufinden, dass La Reina so wenig Millionärsviertel ist wie etwa Kreuzberg, hätte ein *SUPERillu-Leser* allerdings 17 Stunden fliegen müssen, und wer kann sich schon solchen Aufwand leisten, um auf die Spur einer albernen Lüge zu kommen.

Meinem zugegeben locker sitzenden Übergrößen-Trainingsanzug und den erfundenen »Millionärsvillen« folgten Passagen aus meinem zwar erfundenen, aber immer wieder gern gedruckten Lebenslauf. So hätte ich bei der Friedensfahrt Westjournalisten »überwacht«. Unerwähnt blieb, dass es sich um BRD-Journalisten – und einmal sogar den BRD-Mannschaftsleiter – handelte, die ihre Hotelrechnungen oder Zechen nicht bezahlt hatten. So musste ich einmal in Neubrandenburg Weltmeister Rudi Altig sehr früh am Morgen dringend raten, eine Restaurantrechnung zu begleichen, dieweil sonst ein Gerichtsvollzieher die Rennräder seiner Mannschaft mit einem Kuckuck stilllegen würde. Ein anderes Mal musste der Chefbuchhalter des *Deutschlandfunks* ins Bild gesetzt werden, dass der Friedensfahrtberichterstatter seines Senders die Übernachtung nicht bezahlt hatte.

Unterschlagen wurde in dem Huhn-Porträt natürlich, dass ich mit der Stimme des BRD-Sportjournalistenverbandes zum Generalsekretär der Europäischen Sportjournalisten-Vereinigung (UEPS) gewählt worden war. 17 Jahre lang wurde ich bei jedem Kongress wieder in den Vorstand gewählt.

Das nach den Enthüllungen zu erwartende Presse-Echo blieb in Provinzblättern wie der Potsdamer *Märkischen Allgemeinen* dürftig. In der nach der Rückwende eingeführten Skandalspalte las man die Kurznachricht: »Margot Honecker, Witwe des ehemaligen DDR-Staatsratsvorsitzenden, Erich Honecker, hat in Chile offensichtlich einen neuen Lebensgefährten gefunden. Wie die Zeitschrift *SUPERillu* berichtete, wurde die ehemalige Volksbildungsministerin in La Reina, einem Vorort von Santiago de Chile, gesehen, wie sie mit dem ehemaligen Sportchef des *Neuen Deutschland*, Klaus Ullrich Huhn, bummeln ging.«

Die »Enthüllung« rief allerdings die *Bild* auf den Plan. Das Blatt wollte sich wohl nicht damit abfinden, auf der Rangliste der Skandalnachrichten auf Platz 2 hinter der Burda-Illustrierten abgedrängt zu werden, und stellte sofort richtig: »Margot Honecker (74), Witwe des ehemaligen DDR-Staatsratsvorsitzenden (1912-1994), soll einen neuen Freund haben! Das meldet heute die *SUPERillu*. Es handele sich dabei um Verleger Klaus Huhn (74, ›spotless-Verlag‹), besser bekannt als Klaus Ullrich, Ex-Sportchef des *Neuen Deutschland* und 32 Jahre lang Direktor der Friedensfahrt. Was ist dran? *Bild* fragte in Huhns Büro nach. Klare Antwort: ›Kompletter Unsinn.‹

Und warum wurde Huhn (wohnt in Berlin Prenzlauer Berg) in Santiago de Chile gesehen? Er hatte dort für das Buch ›Auskünfte über Erich Honecker‹ (erschien gestern) recherchiert, sich deshalb auch mit der Witwe getroffen. ›Herr Huhn ist mit seiner Frau Erika seit mehr als 40 Jahren glücklich verheiratet‹, sagt eine Verlagsmitarbeiterin.«

Der *Berliner Kurier*, damals noch im Besitz des Medienimperiums Gruner & Jahr, wollte wiederum *Bild* ausstechen, pumpte sich vier Bilder bei der *SUPERillu*, was dem Gemüsehändler in Santiago, eine stattliche, allerdings in Berlin nicht allzu werbewirksame Ablichtung seiner Ladenfront bescherte, und ergänzte meine persönlichen Daten noch: »Seine Familie: Halbbruder Werner Eberlein saß bis 1989 im SED-Politbüro, Vater Willy war erster Chef der DDR-Notenbank.«

Diese Mitteilungen sollten wohl dazu beitragen aufzuhellen, wer sich da mit wem zusammengetan hatte. Dass meine Mutter dabei unterschlagen wurde, die 1919 immerhin zu den Mitbegründern der KPD gehört hatte, dürfte journalistischer Schlamperei zuzuschreiben sein.

Doch es war keineswegs so, dass mich die Kampagne verärgerte. Bis auf die Unterschlagung meiner Mutter störte mich nichts, denn *Bild* hatte den Namen meines Verlages im Textteil, wo gemeinhin für Anzeigen Fabelzuschläge gefordert werden, verbreitet, den Titel der Honecker-Biografie angekündigt und sogar noch das Erscheinungsdatum gemeldet. Freunde horchten sich um: Um die 12.000 Euro hätte mich eine Werbeanzeige mit all diesen Fakten mitten im Text allein bei dieser Zeitung gekostet.

Und dann der Ruf, auf meine alten Tage zum »engsten Vertrauten« einer »First Lady« aufzusteigen. Selbst gegenüber seriösen Freunden hatte ich tagelang geflüsterte Nachfragen Neugieriger zu beantworten. Man lud mich in Kneipenrunden, um Details in Erfahrung zu bringen. (Sie wissen, was Männer in solchen Situationen für Fragen stellen.) Kurzum: der Erfolg war durchschlagend. Mit 73 noch landesweit als prominenter »Lover« gefeiert zu werden, will einiges heißen. Ich war über Nacht wieder *in*, was sich auch am Umsatz meiner Bücher ablesen ließ, auch weil kaum jemand mit intimen Auskünften rechnete, wenn er nicht zuvor ein Buch gekauft hatte.

Wie das in diesem Gewerbe so ist: Das Interesse ließ jedoch bald nach, die Medien lieferten neue Skandale. Was indes schon bald auffiel: Margot Honecker blieb schon deshalb ein Dauerthema, weil sie nach Belieben zur Galionsfigur des DDR-»Regimes« gekrönt werden konnte. Andererseits genoss sie in Neufünfland noch immer Ansehen, und das führte zu so viel Leserbriefen, dass *SUPERillu* durchaus positive abdrucken musste.

Ich bekenne, von mir war da – man schrieb bereits 2002 – kaum noch die Rede, aber die Zahl der Medienschreihälse, die um jeden Preis noch immer nach einem Interview mit Margot Honecker gierten, hatte nicht nachgelassen.

Ein neuer Anläufer hieß Thomas Grimm. Auch er erfuhr, dass ich als »Manager« agierte, doch offerierte er mir nicht einen Stapel Geldscheine, sondern einen Filmtermin, möglicherweise ernsthaft vermutend, als Mittsiebziger sei man noch so eitel, für den Auftritt in einem Lokalsender spektakuläre Gegenleistungen zu versprechen.

Grimm bewies bei seinem Vorhaben nicht nur enormen Eifer, sondern auch Einfallsreichtum, was möglicherweise auch mit den Einkünften zusammenhing, die er sich versprach.

Auf jeden Fall darf man ihm bescheinigen, dass er das Umfeld genau studierte, bevor er sein Vorhaben in Angriff nahm. Das sei an dieser Stelle nur noch einmal betont, weil es ja angeblich um die »meistgehasste« Frau der DDR ging. Schon bald erkennend, dass Verhandlungen mit mir ziemlich aussichtslos waren, wählte er einen anderen Weg.

Die »Puccio-Variante«

Bei seinen Recherchen hatte er herausgefunden, dass der Chilene Carlos Puccio während der Pinochet-Ära mit seinem Vater Osvaldo – lange Jahre der Sekretär des chilenischen Präsidenten Salvador Allende – in die DDR geflohen, dort als Fernsehkameramann ausgebildet worden war und für das DDR-Fernsehen gearbeitet hatte. Nach der Rückkehr der Familie Puccio nach Chile hatte Carlos versucht, dort als Kameramann Fuß zu fassen. Das hatte Grimm herausgefunden und auch erfahren, dass zwischen den Puccios und Margot Honecker nach wie vor ein enges freundschaftliches Verhältnis existierte. Grimm soll Puccio zunächst an einem völlig unpolitischen Chile-Film beteiligt und dann überredet haben, Kontakte zu Margot Honecker knüpfen und sie zu einem Film zu überreden, den Puccio drehen sollte.

Zuvor schrieb Grimm einen langen Brief an Margot Honecker, in dem er sie einmal mehr um ein Interview gebeten hatte. Sie sagte auch in diesem Fall ab. Darauf setzend, dass der vermeintliche Puccio-Vertraute die Absage akzeptieren würde, machte sie sich sogar die Mühe, ihre Haltung noch einmal in einem Brief zu erläutern: »Wenn Sie zu recht davon ausgehen, dass man der jüngeren Generation Erklärungen für historische Ereignisse geben sollte, so vermisse ich in Ihrer Konzeption gerade die ›Beschreibung des historischen und politischen Kontextes‹, an den Sie als den Mittelpunkt oder Bezugspunkt für die letzten Lebensjahre Erich Honeckers denken. Es tut hier nichts zur Sache, dass wir über jene historischen Ereignisse wahrscheinlich sehr unterschiedliche Auffassungen haben. Mir bleibt unklar, wie man einen historisch bedeutsamen Knotenpunkt ohne Bezug auf eine vorangegangene historische Entwicklung aufhellen will und kann oder wie man dem Wirken eines Politikers, wie Sie sagen, einer ›historischen Figur‹, gerecht werden kann, wenn man fünf Jahre seines Lebens aus dem Geschichtsbild völlig herauslöst. [...]

Wenn Sie Leute suchen, die Honeckers ›politische Enttäuschungen, seine Sicht auf konterrevolutionäre Vergangenheit und entsetzliche Zukunft [...] bezeugen‹ wollen, so finden sich solche sicher. Von Erich Honecker stammt eine solche Weltsicht allerdings nicht, auch nicht in seinen letzten Lebensjahren. [...]

Für ein Interview auf der Grundlage Ihres Fragespiegels stehe ich nicht zur Verfügung. Es tut mir leid, dass ich Sie enttäuschen muss.«

Grimm, der inzwischen einiges in das Projekt investiert hatte, insistierte die Puccios pausenlos, ihm wenigstens die Gelegenheit zu bieten, das Margot-Honecker-Haus zu betreten.

Carlos Puccio hoffte auf lukrative Grimm-Angebote und stand eines Tages mit ihm vor Margot Honeckers Tür. Sie erinnert sich genau, was sie Grimm, den sie den Puccios zuliebe nicht abweisen wollte, gesagt hatte: »Ich erklärte mich bereit, ihm offizielle Dokumente – die übrigens bereits verschiedentlich publiziert worden waren – für Filmaufnahmen herauszusuchen, auch weil es sich um Dokumente handelte, die jene Fakten auswiesen, die bei fast allen Darstellungen unterschlagen werden.«

Und sie weiß auch noch genau: »Die Dokumente filmte Carlos.« So wähnte sie sich sicher.

Grimm versuchte einmal mehr, Margot Honecker zu einem Gespräch für seine »Zeitzeugen«-Serie zu überreden. Sie lehnte ab.

Dann bat Grimm sie inständig, ihm wenigstens einige »private« Fotos von ihr und ihm zu gestatten. Er schwor wieder und wieder, diese Bilder ausschließlich privat zu verwenden.

Allerdings dachte er keine Sekunde daran, sich an sein Wort zu halten. Die Fotos prangten in der *SUPERillu* mit dem Jubelkommentar, dass Grimm der »erste deutsche Journalist« sei, dem Margot Honecker ein Interview gegeben habe. Den Wortbruch ließ sich Grimm – so beeideten Insider – stattlich honorieren.

Auf der *n-tv*-Internetseite vom 18. September 2002 las sich das so: »Nach Jahren des Schweigens: Margot Honecker redet – Acht Jahre nach dem Tod des ehemaligen DDR-Staatsratsvorsitzenden Erich Honecker hat seine Witwe Margot Honecker ihr Schweigen gebrochen. Für eine Fernseh-Dokumentation gewährte sie Einblick in ihre Unterlagen. Über den Kontakt des Filmemachers Thomas G. zu der 75-Jährigen berichtet die Zeitschrift *SUPERillu* in ihrer am Donnerstag erscheinenden Ausgabe.

Der Film ›Honeckers Flucht – das Ende eines Kommunisten‹ wird im Oktober von der *ARD* ausgestrahlt. Grimm berichtet, Margot Honecker habe bei der Sichtung der Unterlagen ihren Mann in der Regel ›Honecker‹ genannt. Einblick in die Unterlagen habe sie gewährt, um Gerüchten entgegenzuwirken, alles an wohlhabende

Souvenirsammler verkauft und so ihre Erinnerungen zu Geld gemacht zu haben. […]

Die ehemalige DDR-Ministerin für Volksbildung lebt seit dem Tod ihres Mannes 1994 in Santiago de Chile. Beim ersten Treffen habe der Journalist Grimm das Gefühl gehabt, Margot Honecker habe sich seit dem Tod ihres Mannes nicht mit seiner Hinterlassenschaft beschäftigt. ›Ich glaube, sie hat alles in Kartons im Schlafzimmer aufbewahrt. Es war weder geordnet noch abgeheftet‹, berichtet Grimm.«

Diese üble Paparazzo-Geschichte wäre nicht wert, gedruckt zu werden, würde sie nicht belegen, welchen Wert bundesdeutsche Medien auf ein Gespräch mit der »First Lady« legten, auch wenn es einzig dazu dienen sollte, sie zu diskriminieren.

Bild titelte die Grimm-Story: »Sie sehnt sich nach der DDR« und schrieb: »Zum ersten Mal ließ sie jetzt einen deutschen Journalisten in ihr Haus – und ihre Seele schauen. Filmemacher Thomas Grimm traf die einst mächtigste Frau der DDR in Santiago. Was er da erlebte, schilderte er jetzt in einem Interview für das *mdr*-Magazin mittendrin. »Sie ist eine sehr wache, attraktive ältere Frau. Gut gekleidet, ihre Sachen farblich abgestimmt. Frau Honecker war gut informiert.«

Die Fehler der DDR? »Die erkennt sie vereinzelt. Jedoch nur bezogen auf ihr persönliches Handeln.«

Dass man an ihrer tatsächlichen Meinung herzlich wenig interessiert war, war hinreichend durch die Ignoranz belegt worden, die man gegenüber dem Corvalan-Buch bekundet hatte. Um diesen journalistischen Handstreich abzurunden, sei erwähnt, dass Margot Honecker Grimm am 2. Oktober 2001 einen unmissverständlichen Brief geschrieben hatte: »Was unser letztes Gespräch angeht, so erinnere ich mich, dass Sie spontan die Idee äußerten, dass es gut wäre, sich mit Unwahrheiten und Verfälschungen auseinanderzusetzen. Sie werden sich erinnern, dass ich Ihnen meinerseits keine Zustimmung gab. Sollten Sie im November nach Chile kommen, begraben Sie bitte vorher Ihre Hoffnungen.«

Grimm rief bei Margot Honecker an und ließ sie wissen, dass er sich »außerstande sähe«, auf ein Interview zu verzichten. Sie erinnerte ihn an sein Versprechen, alle Fotos in ihrem Haus nur privat zu verwenden. Er gab darauf keine Antwort. Die tatsächlich nie stattgefundenen Interviews erschienen – illustriert.

Grimms Wortbruch erschütterte vor allem die Puccios, die sich an der Überrumplung mitschuldig fühlten, da sie Grimm bei ihr »eingeführt« hatten. Margot Honecker: »Sie haben sich tausendmal bei mir entschuldigt, Puccios Frau mit bewegten Worten.«

Eine nicht minder intrigante Figur des Anti-Margot-Honecker-Feldzugs war ein gewisser Karl-Heinz Kaiser. Der aus Tegel Stammende spielte die Rolle eines »Freundes« der verfolgten Politbüro-Genossen und betrieb zur Tarnung eine Buchhandlung. Später lockten ihn ansehnliche Honorare an die Anti-Honecker-Front.

Neben Gastrollen bei *Focus* gehörte er zu den *SUPERillu*-Stars, wo er unter der Schlagzeile »Ich war Honeckers Geldbote« auftrat. Um seinen Behauptungen frischen juristischen Anstrich zu verleihen, beorderte man ihn zu einem Advokaten und pries seinen Text als »Eidesstattliche Versicherung«, unterzeichnet am 8. Oktober 2002 in einer Berliner Anwaltskanzlei, an.

Dass Kaiser nicht bei einem Notar, sondern bei einem Rechtsanwalt seine »Erklärung« abgab, könnte damit zu erklären sein, dass der Notar – verpflichtet, das »Vorleben« des Klienten zu prüfen – darauf gestoßen wäre, dass er Jahre zuvor jemandem ein gefälschtes Ölgemälde verkauft haben sollte und nach Auskunft des Betroffenen in einem Gerichtsverfahren zur Rückzahlung der von ihm kassierten 69.000 DM (35.279,14 Euro) verurteilt worden war. Der Betrogene hatte jedoch weder einen Pfennig noch einen Cent gesehen, aber schon mehr als einmal – allerdings vergeblich – Gerichtsvollzieher alarmiert, wenn Kaiser bei Auktionen auftauchte und munter mitsteigerte.

Ein einziges Beispiel aus der Liste seiner »eidesstattlichen« Versicherungen: Er, Kaiser, könne beweisen, dass die Familie Honecker Millionen versteckt hatte, die sie mit seiner Hilfe nach Chile schmuggelte. »Kaiser übernahm die Herausgabe des Honecker-Buches ›Moabiter Notizen‹, das Honecker in der [...] Haft in Berlin schrieb. Das Original-Manuskript übernahm der [...] Verlag ›edition ost‹. Das Buch wurde im In- und Ausland in einer Auflage von 50.000 Stück verkauft, pro Exemplar standen Honecker laut Kaiser 2,49 DM zu. Insgesamt etwa 125.000 DM.« (Diese Summe sollte die abenteuerliche *SUPERillu*-Behauptung stützen, Honecker habe Einkünfte von 800.000 DM – darunter den bei einer Versteigerung erzielten Gewinn seiner Hosenträger (!) – vor dem Staatsanwalt verschwiegen.)

Die mühelos überprüfbaren Tatsachen: Am 18. Mai 1994 – also elf Tage vor Honeckers Tod – hatte Kaiser einen Verlagsvertrag bei der edition ost unterschrieben und sich als »Rechteinhaber« für das von ihm übergebene Manuskript ausgegeben. Demzufolge kassierte er auch das Geld. Es wurde ein Honorar von zehn Prozent des Ladenpreises (abzüglich Mehrwertsteuer) vereinbart.

Die Auflage betrug zudem nicht 50.000 Stück, sondern 36.500. Bis 20. April 1995 waren davon 29.500 Exemplare verkauft worden. Ende des Jahres 2000 wurden noch 3.615 Exemplare im Lager gezählt. Kaiser hatte an Honorarzahlungen 63.501,74 DM entgegengenommen. Dazu kamen – was die *SUPERillu* nicht preisgab – 20.000 DM und die stammten vom Konto des bunten Blattes. Die Summe hatte man für einen Vorabdruck des Buches bezahlt. Kaiser kassierte davon gemäß Verlagsvertrag für den Autor Honecker fünfzig Prozent, also 10.000 DM, die er nach Chile weiterleiten sollte. Damit stünde also auch fest: *SUPERillu* hat die Familie Honecker finanziell unterstützt. (Niemand weiß allerdings, ob die Honeckers je in den Besitz dieses Geldes kamen.)

Alles in allem kassierte Kaiser für das Manuskript 73.501,74 DM. Das wären allerdings nur 58,8 Prozent der von Kaiser »beeideten« 125.000 DM.

In welchem Ausmaß Kaiser auch die *SUPERillu*-Redakteure mit seinen Geschichten verwirrte, verrät ein Vergleich der Hefte vom 10. und vom 17. Oktober 2002. In der zweiten Oktoberwoche erfuhr man: »Die Erlöse transferierte Kaiser überwiegend per Postanweisung nach Chile« (42/2002, S. 22), eine Woche später (43/2002, S. 13) druckte man eine völlig neue Variante: »Zur Geldübergabe flog ich zwischen 1993 und 1999 insgesamt viermal nach Santiago de Chile. Das Geld hatte ich jeweils in Pralinenkartons der Marke ›Mon Chéri‹ vor dem Zoll versteckt.« Die Autoren der „Erklärung« hätten sich vorher wenigstens sachkundig machen sollen: Keinen chilenischen Zollbeamten interessiert, wieviel Geld ein Einreisender in der Brieftasche, im Handkoffer oder in der Geldbörse mit sich führt.

Kaisers »Eidesstattliche Erklärungen« beantworten indes nicht die Frage, wie er sich das Vertrauen der Familie Honecker hatte erschleichen können. Die Antwort gab mir die Ehefrau eines bereits verstorbenen Mitglieds des SED-Politbüros: »Jeder wird sich erinnern können, wie man uns damals behandelte. Und plötzlich erschien bei allen dieser Kaiser, bestellte Grüße von dem und jenem, gab sich als verlässlicher Westberliner Genosse aus, der selbst in schwerer Zeit Solidarität zu üben bereit sei, bot seine Hilfe an und schwor, uns zu helfen. Mein Mann glaubte ihm zunächst, kam dann aber schnell dahinter, dass er nur hinter seiner Bibliothek her war und ihm Geschenke abluchsen wollte, die er von ausländischen Freunden erhalten hatte. Ich kann den Zeitraum zwischen seinem Auftauchen und dem Tag, an dem ihn mein wirklich gutmütiger Mann im wahrsten Sinne des Wortes aus unserer Wohnung warf, nicht exakt angeben, aber es ging ziemlich schnell.«

Damals betrieb er noch den Buchladen in Kreuzberg. Nachdem der pleite gegangen war, wechselte er in die Friedrichshainer Passage, dann in die Rigaer Straße, verschwand aber auch dort sehr bald wieder.

Eingeweihte sind überzeugt, dass Kaiser ein Mann des Verfassungsschutzes war, der nach dem Untergang der DDR ausforschen sollte, wer noch Kontakte zu den Mitgliedern der früheren SED-Führung hielt. Da zu jener Zeit die juristisch mehr als umstrittenen Politbüro-Prozesse vorbereitet wurden, ist auch nicht auszuschließen, dass ihm der Verfassungsschutz Order gab, die Absichten der kurz vor der Anklage Stehenden zu erforschen. Für diese These spricht auch, dass ein verlässlicher Vertrauter Honeckers in jener Zeit nach Chile flog und bei einem Zwischenaufenthalt in Argentinien plötzlich Kaiser vor sich sah, der jedoch augenblicklich spurlos abtauchte.

Nur zwei absolut verlässliche Personen hatten damals von jener Reise des Vertrauten gewusst, schlossen aber nicht aus, dass sie irgendwann jemandem am Telefon eine Andeutung gemacht haben könnten.

Focus offerierte seinen Lesern auch ein Porträt der Reporterin, die im Auftrag des Blattes Honeckers »Schatz« gesucht hatte und nach drei Jahren mit jenen zwei Koffern in der Redaktion erschien, die allerdings nur Familienfotos der Familie Honecker enthielten und angeblich auch Briefe Margot Honeckers aus Chile, von denen niemand hätte erklären können, wie sie in die 1990 gepackten und bei Familienangehörigen hinterlassenen Koffer geraten sein sollten.

Die *Focus*-Dame erwies sich schon als überfordert, als sie Kaiser glaubte, Honecker habe in Budapest wertvolle Gemälde – einen Leonardo da Vinci, einen Rembrandt und einen Picasso – verstecken lassen. Es ist nur eine der unzähligen Räuberpistolen, die nach 1990 selbst von sonst als seriös geltenden Medien verbreitet wurden, um die Honecker-Familie in Misskredit zu bringen. »Gemixt« mit Lügen wie die über die angeblich von Erich Honecker verratene Fodorová sollte der Eindruck vermittelt werden, die DDR sei von Kriminellen regiert worden. Margot Honecker, als eine der Überlebenden dieses Kreises geriet dadurch immer wieder ins Visier der »Aufarbeiter«.

Irgendwann war die Kaiser-Figur zu nichts mehr nutze. *Focus* hatte nach eigenem Bekunden enorme Reisespesen gezahlt, um auf den von Kaiser gelegten Spuren die Bilder von Leonardo da Vinci und Picasso zu finden. Als immer klarer wurde, dass Kaiser ein Spinner war und die »Opfer« seiner »Tipps« ihre Ausgaben als Verluste abzubuchen hatten, ließ mir jemand die Kopie eines Beschlusses des Berliner Amtsgerichts Wedding zukommen: »Beschluss in der Betreuungssache Karl-Heinz Kaiser, geb. am 05.10.1952, Turiner Str. 39, 13347 Berlin.«

Der Begriff »Betreuung« könnte Fehldeutungen auslösen. Tatsächlich wird mit solcher gerichtlichen Entscheidung jemand nur bedingt »betreut«. Früher nannte man das jemanden unter »Kuratel« stellen, und damals wie heute bedeutet es, dass der Betroffene faktisch entmündigt und nicht mehr geschäftsfähig ist. In dem Urteil wurden denn auch zwei Frauen zu »Betreuerinnen« des Herrn Kaiser bestellt und hervorgehoben: »Als Aufgabenkreis wird festgesetzt: Gesundheitsfürsorge, Vermögenssorge, Wohnungsangelegenheiten, Behördenangelegenheiten.« Im Klartext hieß das: In all diesen Fragen konnte Kaiser keinen Schritt mehr unternehmen, ohne die »Betreuerinnen« um Erlaubnis zu fragen.

Dieser Entscheidung war noch eine den Beschluss nach dem Gesetz verschärfende Maßnahme hinzugefügt worden: »Folgende Willenserklärungen d. Betroffenen bedürfen der Einwilligung des Betreuers (Einwilligungsvorbehalt): Vermögenssorge.«

Das entsprechende Familienrechtsgesetzbuch erklärt zum Stichwort »Einwilligungsvorbehalt«: »Mit dem Einwilligungsvorbehalt […] wird die Teilnahme des Betreuten am Rechtsverkehr […] eingeschränkt. […] Der Einwilligungsvorbehalt wird von Amts wegen angeordnet […], d. h. eine Willenserklärung des Betreuten kann auch bei Einwilligung des Betreuten nichtig sein.«

Selbst der juristische Laie wird verstehen: Ein von solchen gerichtlichen Entscheidungen Betroffener ist in jeder Hinsicht »geschäftsunfähig«. Demzufolge käme er auch kaum in der Öffentlichkeit als »Kronzeuge« – zum Beispiel für angeblich illegale Geldtransporte – in Frage. Der betreffende Beschluss des Amtsgerichts Wedding war vom 4. September 2002 datiert.

Seine Auftritte in der *ARD*, im *mdr*, in der *SUPERIllu* und im *Focus* datierten ausnahmslos aus der Zeit danach, womit mühelos zu beweisen wäre, dass man sich eines durch Gerichtsentscheid wegen offensichtlicher Unzurechnungsfähigkeit aus dem normalen öffentlichen Verkehr Gezogenen bedient hatte. Also: Der Kronzeuge gegen die Honeckers gehörte in eine Nervenheilanstalt und nicht vor Kameras.

Rückfragen in der Turiner Straße ergaben denn auch, dass er bereits in eine solche Klinik eingewiesen worden sein soll. Mitteilungen darüber wurden allerdings in den zuständigen Medien nicht publiziert.

Trotz geistiger und physischer Abwesenheit überzog der Verrückte den Verleger der »Moabiter Notizen« mit mehreren Strafanzeigen, was diesem Vorladungen in die Diensträume des Berliner Landeskriminalamtes Columbiadamm 4 und Perleberger Straße 61A eintrug. Sein Hinweis auf den Umstand, dass Kaiser seine Anzeigen unmittelbar vor der amtlichen Unmündigkeitserklärung erstattet habe und selbst im deutschen Rechts- und Regelstaat Blödheit nicht Schlag 0.00 Uhr aufträte, mithin also anzunehmen sei, daß Kaiser auch schon beim Erstatten seiner Anzeigen nicht ganz dicht gewesen wäre, half dem »Beschuldigten« wenig. Anzeige ist Anzeige, und Dienst ist Dienst.

Welcher auch immer.

Es erfolgten Hausdurchsuchungen sowohl in den Privaträumen als auch im Verlag in der Berliner Luxemburgstraße. Da, wie erwartet, die beiden angerückten Beamten nichts entdeckten, wonach auch immer sie gesucht hatten, endete nach Wochen das große Halali mit Einstellung der Ermittlungsverfahren.

Erwähnt werden muss unbedingt, dass im August 1990 der erste Versuch unternommen worden war, Margot Honecker gerichtlich zu belangen und zwar wegen »Unterdrückung und Deformation der Individualität« in einem Jugendwerkhof in Torgau. Bis heute wird dieser Vorwurf von den Medien wiederholt, obwohl selbst nach einem Strafverfolgungsantrag der SPD in der sogenannten Enquete-Kommission des Bundestages »Aufarbeitung von Geschichte und Folgen der SED-Diktatur in Deutschland« am 14. Juni 1993 das zuständige Landeskriminalamt die Antragsteller dahingehend beschied, dass die »Beweislage« für eine strafrechtliche Verfolgung nicht ausreichend sei.

Ein ähnlicher Anlauf wurde 2004 unternommen, als angebliche Straftaten im Spezialkinderheim Meerane vor Gericht verhandelt worden waren. Ein Urteil, das Verfahren einzustellen, war vom Bundesgerichtshof aufgehoben worden. Ein zweites Verfahren vor dem Leipziger Landgericht, das für mehrere Monate terminiert war, endete nach sechs Stunden erneut mit der Einstellung. Drei der vier Angeklagten einigten sich mit der Staatsanwaltschaft auf die Zahlung gewisser Summen, wobei betont wurde, dass es sich dabei keineswegs um ein Schuldgeständnis handelte.

Das *Hamburger Abendblatt* hatte am 10. Juni 2004 vor Prozeßbeginn geschrieben: »Spezialkinderheime wie das in Meerane waren eine Erfindung von Margot Honecker, die als Volksbildungsministerin unter anderem dafür gesorgt hat, dass versuchte ›Republikflucht‹ oder vermeintliche Spionage damit bestraft wurde, dass man den Eltern ihre Kinder wegnahm und sie zur Adoption freigab. Auf der Grundlage eines Gesetzes von 1965. ›In den Spezialkinderheimen‹, hieß es damals, ›werden schwer erziehbare und straffällige Jugendliche sowie Kinder aufgenommen, deren Umerziehung in ihrer bisherigen Erziehungsumgebung trotz optimal organisierter erzieherischer Einwirkung der Gesellschaft nicht erfolgreich verlief.‹«

Am Rande sollte man zumindest erwähnen, dass sich der Petitionsausschuss des Deutschen Bundestages am 28. November 2008 mit den jugendlichen Opfern der Heimerziehung in der Bundesrepublik befasste. Zitat des *ZDF* am 25. Januar 2009: »›Ich wurde als kleines Kind mit zwei Jahren meiner Familie weggenommen und war 17 Jahre lang eingesperrt und musste arbeiten‹, berichtet ein Betroffener. Erschütternde Szenen spielen sich in der Sitzung ab. Der Ausschuss beschloß einstimmig einen ›Nationalen Runden Tisch‹ zur Aufarbeitung der westdeutschen Heimerziehung. Die Anerkennung des Unrechts, eine offizielle Entschuldigung und die finanziel-le finanzielle Entschädigung – alle Forderungen der ehemaligen Heimkinder scheinen in greifbare Nähe gerückt.«

Die Familienministerin lehnte den Vorschlag ab.

Weiter im *ZDF*: »Für ehemalige Heimkinder wie Dietmar Krone ist dies ein neuerlicher Rückschlag. Als Jugendlicher wurde er fünf Jahre in einem Fürsorgeheim gequält. Seine Heimakte, die ihm erst jetzt anonym zugeschickt wurde, belegt nun endlich seine Erfahrungen von Folterstrafen und Demütigungen. Akten von rund 800.000 ehemaligen Heimkindern der Nachkriegszeit listen auf, wie die Zöglinge zu Schwerstarbeit gezwungen wurden, ohne Lohn zu erhalten. Heute leben viele in bitterer Armut.«

Noch einmal: Es wurde zahllose Anläufe unternommen, Margot Honecker zu diskriminieren und zu verleumden. Die Geschichte der Attacken gegen die »First Lady« wurde zur Endlos-Story.

Dreckschleuder zum 80.

Als sie in Chile ihren 80. Geburtstag feierte, schoss der *stern* wieder aus der ersten Reihe: »Töpfchendiktatur, Wehrerziehungslager, die Augen stramm nach links und Pionierlieder auf den Lippen – *stern*-Redakteur Holger Witzel hat seine persönlichen Erinnerungen an das DDR-Bildungssystem in einem Geburtstagsbrief an Margot Honecker niedergeschrieben:

›Hallo Margot, alte Hexe, wir kennen uns nicht persönlich, aber wenn man bedenkt, wie intim wir mal waren, darf ich mich zu Ihrem 80. Geburtstag vielleicht schon mal undankbar erweisen: Sie haben mich in der Kinderkrippe auf den Topf gesetzt, bis ich mit 12 Monaten den Plan erfüllt hatte und sauber war. Wenn es nach dem bekannten westdeutschen Kriminologen Christian Pfeiffer geht, bin ich damit nur knapp einer brutalen Neonazikarriere entgangen, und niemand weiß, was die Töpfchendiktatur stattdessen oder sonst noch für Schäden angerichtet hat.

Sie haben mir mit sieben Jahren ein Halstuch um den Hals geknotet und die Frischluft so lange gedrosselt, bis ich wie alle anderen DDR-Kinder bei Appellen stramm stand, die Augen links und immer irgend ein Gelöbnis auf den Lippen. Noch heute sind lästig große Areale meines Gehirns mit Pionierliedern und albernen Thälmanngedichten verkleistert, für die ich nirgendwo mehr Beifall bekomme. Sie und ihre pädagogischen Handlanger haben dafür gesorgt, dass ich kein Abitur machen konnte, obwohl ich bis zur zehnten Klasse immer nur

Einsen hatte. Damals hat man sich nicht mal geniert, ganz offen zu sagen warum: Weil ich mit 15 Jahren nicht mit ins Wehrerziehungslager fahren wollte – schießen und marschieren als Schulunterricht! – von Ihnen persönlich 1978 eingeführt.

Bei lernbehinderten Dumpfbacken, die Offizier werden wollten, oder Systemstrebern wie Angela Merkel, die sogar noch bei der Zeugnisausgabe ihr FDJ-Hemd trugen, verlief die Erziehung zur sozialistischen Persönlichkeit reibungsloser. Schwamm drüber: Ich habe das Abi später nachgeholt und dank einer rechtzeitigen Laune der Geschichte doch noch einen Beruf gefunden, an den ich in Ihrem System nicht mal gedacht habe. Und im Nachhinein haben bestimmt auch die Auswahlkriterien für Studienplätze und Führungskader die DDR noch ein Stück schneller zugrunde gerichtet.

Das war nicht Ihre Absicht, ich weiß. Schade überhaupt, dass Sie bis heute nicht über Ihre Absichten sprechen: Wie kamen junge Kommunisten wie Sie oder ihr Mann darauf, die Jugend nach dem Krieg gleich wieder in Uniformen zu stecken und gleichzuschalten? Charaktere so nachhaltig zu verbiegen, dass mehrere Generationen von ehemaligen Pionieren noch heute mit offenem Mund staunen, wie hemmungslos westdeutsch sozialisierte Kollegen neben ihnen ihre Persönlichkeit entfalten. Ihre DDR-Volksbildung hat bleibende Schäden angerichtet, die noch gar nicht erforscht sind. Fast kommt es einem wie ein Wunder vor, wenn man immer noch auf Anhieb die Leninsche Definition vom ›stinkenden, faulenden Imperialismus‹ aufsagen kann und trotzdem mit Börsenseite und Ausbeutern klarkommt, die jetzt Arbeitgeber heißen. Ihr Verdienst ist das nicht.

Es war doch nicht alles schlecht, werden jetzt wieder ein paar von Ihren alten Duckmäuserpädagogen raunen (schlimm genug, dass immer noch welche im Dienst sind): Das DDR-Schulsystem in Finnland, Pisa, die Kinderbetreuung und so weiter. Klar. Aber Lesen und Rechnen haben Kinder auch unter dem Kaiser oder in Bayern gelernt. Sozialistische Jugendwerkhöfe waren Ihre Erfindung. Berufs- und Studienlenkung nach gesellschaftlichem Engagement oder die massenhafte Diskriminierung von christlichen Elternhäusern oder Kindern aus Nicht-Arbeiter-Familien, nichts anderes als die Bildungschancenverteilung nach Arm und Reich. Für viele kam die Wende zu spät. Sie mühen sich noch heute im falschen Beruf ab, darunter viele Ihrer ehemaligen Lehrer.

Damit wir uns nicht falsch verstehen: Wenn ich heute jemandem gratuliere, dann mir selbst und alle anderen ehemaligen Untertanen, die Töpfchendiktatur und Gleichschritt halbwegs unbeschadet überstanden haben oder heute – geübt in jeder Form der Anpassung – alle Defizite geschickt vertuschen. Vor allem meinen Eltern habe ich zu danken, die das Schlimmste ausgebügelt haben und mir sogar genug Anstand beigebracht haben, dass ich die Hexe von oben zurück nehme und einer alten Frau wenigstens Gesundheit wünsche, wenn sie sich schon nicht mal mehr in ihre Heimat traut.

Dankbar dafür, dass meine Kinder nie zu den Pionieren müssen oder in der Schule das Fach Wehrerziehung haben,

Ihr ehemaliger Jungpionier Holger Witzel

P.S. Schönen Gruß an Luis Corvalan, der – wie man hört – bei Ihnen zum Geburtstagskaffeekränzchen eingeladen ist: Fragen Sie ihn doch mal, ob er das Bild noch hat, das ich 1976 für ihn malen musste, oder die 20 Pfennige, die ich für seine Freiheit gespendet habe, obwohl ich nicht mal wusste, was Freiheit heißt.«

Auch dieses Zitat, auf das man gut und gerne hätte verzichten können, wurde nur wiedergegeben, um die Methodik zu vermitteln, die benutzt wird, wenn es gegen Margot Honecker geht.

Das Problem der Krakeeler: Die Weltöffentlichkeit verspürt wenig Lust, gegen die DDR mitzukrakeelen. So kam der Staatspräsident Nikaraguas, Daniel Ortega, auf die Idee, Margot Honecker einzuladen, um sie mit einem hohen Orden zu dekorieren. *Bild* war so fassungslos, dass es seinen Starkolumnisten Karl Wendl in Richtung Karibik in Marsch setzte. Dieser schrieb am 22. Juli 2008:

»Der *Bild*-Kolumnist staunt

So wurde Margot Honecker als Heldin gefeiert

– VON KARL WENDL –

Es ist drückend schwül in Managua, der Hauptstadt Nikaraguas. 28 Grad, regenverhangener Himmel, mörderische Luftfeuchtigkeit. Ich sitze auf der riesigen, blumengeschmückten Bühne am Platz der Revolution am Ufer des Managua-Sees. Hunderte Sicherheitsbeamte mit weiten hellblauen Hemden verbreiten künstliche Hektik, sprechen ständig in ihre Mini-Funkgeräte. Aus riesigen Lautssprechertürmen dröhnen dumpfe Revolutionslieder. Auf dem Platz vor der Bühne Menschenmassen mit rot-schwarzen Fahnen. Rot steht für das Blut, das während der sandinistischen Revolution (1979) vergossen wurde. Schwarz für die Toten, die der Kampf der Sandinisten unter Daniel Ortega gegen Diktator Anastasio Somoza gefordert hat.

Unfassbar: Orden für Margot Honecker

Auf der Bühne hat sich fast die gesamte rote Prominenz Mittel- und Südamerikas versammelt. Zur Feier des 29. Jahrestages der sandinistischen Revolution. Die Präsidenten von Honduras, Peru, Paraguay und Ecuador sowie die Vize von Kuba und Guatemala stehen klatschend Spalier. Die Augen stramm nach links, Revolutionslieder auf den Lippen. Ein Bild wie eine Zeitreise. Im Zentrum des Geschehens aber stehen zwei Männer und eine Frau: Daniel Ortega, in die Jahre gekommener Alt-Revolutionär und Präsident Nicaraguas. Sein Körper wirkt aufgeschwemmt, die Haarpracht deutlich gelichtet; Hugo Chavez, erdölreicher venezolanischer Präsident, Amerikahasser und Ikone ›der Neo-Sozialisten‹ in Lateinamerika. Mit seinen Petrodollars will der Dauer-Provokateur (›Bush ist ein Krimineller‹, ›Merkel kommt aus einer Partei, die den Nazis nahe stand‹) den ganzen Kontinent rot umfärben; Margot Honecker, 81, Witwe des Ex-DDR-Staats- und Parteichefs Erich Honecker. Unfassbar. Sie ist der ›Stargast‹ der Revolutionsfeier. 19 Jahre nach dem Fall der Mauer bekommt die in Deutschland verhasste ›lila Hexe‹ (wegen ihrer damals bläulichen Haare und ihres harten Führungsstils) von Präsident Ortega den goldenen ›Rubin Diario‹-Orden am blau-weiß-blauen Band an die Brust gesteckt. Alt-Revolutionär Ortega küsst die Ex-Volksbildungsministerin.

Links, rechts, links. Hugo Chavez, der Oskar Lafontaine-Freund, umarmt ›Senora Margot‹ lang und stürmisch, so, als wäre sie heilbringend wie Mutter Theresa.

Die Menge tobt, schreit ›Viva la Revolucion‹. Margot Honecker – sie klatscht, winkt, schunkelt im Takt der Marschmusik, hat Tränen in den Augen, lächelt, ist wie in Trance vor Stolz und Glück. Sie fühlt sich wohl so wie damals, als sie Jahr für Jahr am Tag der DDR in der Karl-Marx-Alle in Ostberlin die Militärparade abnahm.

Schließlich ballt die kleine, zierliche, Frau mit den kurzen schneeweißen Haaren sogar die Hand zur Faust, reckt sie in den Himmel: ›Es lebe Nicaragua, es lebe die Revolution.‹ […]

Margot Honecker erhielt den Orden stellvertretend für ihren Mann Erich Honecker (er verstarb 1994 an Leberkrebs in Chile). ›Erich war ein großer Freund unseres Landes, Margot ein Engel‹, sagt Lenny Schwartz, Chef des größten Radiosenders in Nicaragua. Schwartz (seine Großeltern kamen aus Deutschland) schwärmt noch heute von der Großzügigkeit der DDR-Führung: ›Sie bauten bei uns Schulen und Krankenhäuser.‹ Wochenlang sei die Ex-Volksbildungsministerin durch Nicaragua gefahren, habe sich persönlich um die Alphabetisierungs-Projekte gekümmert.

Dass ›Senora Margot‹ in der DDR Kinder von Republikflüchtlingen zur Zwangsadoption freigab – für Schwartz kein Thema: ›Wer spricht heute noch davon?‹ […] Für Margot Honecker war die Ordensverleihung in Managua der erste öffentliche Auftritt, seit sie 1992 nach Chile geflüchtet war.« *(Wendl ist nicht sonderlich gut im Bilde. 2007 war sie zum 15. Jahrestag der Unabhän-*

gigkeit Namibias nach Windhoek eingeladen worden – K. H.) »Dort lebt sie in der ›Comunidad Andalue‹, einer streng bewachten Wohnanlage in Santiagos Nobel-Vorort ›La Reina‹ (dt. Königin). […] Einzige Auflage, die die chilenische Regierung Honecker Anfang der 90er Jahre machte – sie darf keine öffentliche Rolle spielen und muss sich mit Äußerungen jeder Art zurückhalten. Trotzdem trat sie jetzt in Nicaragua auf. Wieder und wieder wurde die Ordensverleihung in nikaraguanischen Fernsehen gezeigt.

Stunden nach der Ehrung spreche ich Margot Honecker an. Im Foyer des Crowne Plaza, dem Regierungshotel: ›Wie erklären Sie sich diesen Triumphzug am Platz der Revolution, Frau Honecker?‹, frage ich sie. Die 81jährige wirkt aufgekratzt, ihre blasse Gesichtshaut ist leicht gerötet. Sie schaut mich an, nimmt meine Hand, ihr Händedruck ist fest: ›Der Orden ist eine Ehrung für jene, die solidarisch waren mit Nicaragua. Es war ein schönes, bewegendes Fest.‹ Dann dreht sie sich um, verschwindet im Lift. Ihre Begleiter drängen mich ab, sagen: ›Senora Margot will keine deutsche Presse, verstehen Sie?‹

Welt online hatte am 24. Juli 2008 noch Spektaluläres aus Nikaragua zu berichten: »Die Witwe des ehemaligen DDR-Staatschefs Erich Honecker hat das deutsche Erziehungswesen kritisiert. Nach dem Fall der Mauer von Berlin hätten sich die Erziehungsprogramme in Deutschland völlig geändert und entsprächen jetzt der Politik des Kapitalismus, sagte Honecker. Im Gegenzug lobte sie die Erziehung in Nicaragua. Margot Honecker (81), […] hat ihr Bedauern über den Kapitalismus im deutschen Erziehungswesen zum Ausdruck gebracht. Bei einem Besuch im Erziehungsministerium von Nicaragua sagte die ehemalige Volksbildungsministerin der DDR: ›Es ist gut, dass die nicaraguanischen Genossinnen weiter kämpfen, um die Erziehung zu verbessern.‹ Nach dem Fall der Mauer von Berlin ›haben sich die Erziehungsprogramme in Deutschland völlig geändert und entsprechen jetzt der Politik des Kapitalismus‹, fügte sie hinzu, wie es in einer vom Erziehungsministerium in Managua veröffentlichen Mitteilung hieß. […]

Diplomatische Beobachter sehen in der Ehrung der Honeckers allerdings auch einen Affront der sandinistischen Regierung gegen die Entwicklungshilfe der Europäer und insbesondere auch des wiedervereinigten Deutschlands. Präsident Daniel Ortega hat die Europäer in den vergangenen Wochen mehrfach offen angegriffen und ihnen vorgeworfen, sich in die inneren Angelegenheiten seines Landes einzumischen.«

Ob gar Margot Honecker dahintersteckt?

Schluss mit lustig! Eine durchaus legitime Frage wäre, was man in Deutschland über die Volksbildungsministerin denkt, die fast drei Jahrzehnte im Amt war, vor allem aber, was ungeachtet aller mit so viel Nachdruck betriebenen Verdammung der DDR übrig geblieben sein mag von den Pfeilern der Volksbildung aus der Margot-Honecker-Zeit?

Wo könnte man auf derlei Fragen eine Antwort finden? In Büchern.

Was Hamm-Brücher meinte

Im Verlag Das Neue Berlin erschien 2009 ein solches Buch mit dem Titel »Was war unsere Schule wert?«, Unterzeile: »Volksbildung in der DDR«. Als Herausgeber fungiert ein Uwe Markus, und auf der ersten Innenseite erfährt der Leser, was Hildegard Hamm-Brücher – einst Staatssekretärin im Bundesministerium für Bildung und Wissenschaft – 1992 von sich gegeben hatte: »Die haben im Osten ein ideologisiertes Schulsystem gehabt, aber im Prinzip ein richtiges.«

Erste Rückfrage: Welches Schulsystem ist nicht »ideologisiert«?

Die pausenlosen Mahnungen an die Schulbehörden heute, sich intensiver der »Aufarbeitung« der DDR-Vergangenheit zu widmen, sind laut genug, und dass man Schulkinder in Scharen in ein früheres Berliner MfS-Gefängnis karrt, um dort so zu tun, als wäre damit diese Vergangenheit »aufgearbeitet«, ist schon ein Hochmaß an Ideologisierung.

Aber das Zitat der klugen Hamm-Brücher wirft mehr Fragen auf, als es Antworten gibt, denn: Wo fängt ein »richtiges« Schulsystem an, und wo beginnt das »falsche«?

Sei's drum, nach dem Lehrer, der diese Fragen beantwortet wird noch gesucht.

Der Verlag hatte ein ebenso wegweisendes wie informatives Vorwort folgen lassen, in dem es heißt: »Dieses Buch lässt Lehrer, Schüler, Pädagogikwissenschaftler und Pionierleiter, Soziologen und auch einen Sexualwissenschaftler zu Wort kommen. Alles Zeitzeugen, die eigenes Erleben wiedergeben und qualifiziert beurteilen können, welchen Stellenwert die Schule in der DDR besaß. Es beschreibt Stärken und Schwächen der DDR-Volksbildung, und es verweist auf die nach der Wende nicht genutzten Chancen für die Entwicklung eines gesamtdeutschen Bildungssystems, das den Herausforderungen einer globalisierten Zukunft besser entsprochen hätte als das aktuelle.

Die Schüler aus dem Osten brachten hervorragende mathematisch-naturwissenschaftliche und auch praktische Kenntnisse mit und brauchten sich keiner Defizite zu schämen, nicht einmal in der Fremdsprachenausbildung, nur war Russisch eben nicht genug kompatibel.

Das Buch ist zugleich Erinnerung an ein Stück humanistische Utopie. Denn Begleiter gewesen ist dem DDR-Sozialismus immer auch der Glaube an die Möglichkeit einer neuen, gerechten Welt. Das schwang sogar noch mit, als Millionen DDR-Bürger – Zöglinge eben dieses DDR-Schulsystems – im Herbst 1989 mit unterschiedlichen Erwartungen auf die Straße gingen und eine Wende erzwangen, die dann nicht zur Reformierung der DDR, sondern zur Vereinigung mit der Bundesrepublik Deutschland führte. Und in ein ganz anderes Schulsystem.«

Dass der Verlag außer den aufgeführten Schülern, Lehrern und Wissenschaftlern auch die Dame porträtieren wollte, die so lange an der Spitze des Ministeriums gestanden hatte, das für die Volksbildung der DDR zuständig war, überraschte niemanden – bis auf den Herausgeber.

Der erahnte wohl, dass all die abgewiesenen Interview-Wünscher auf die Barrikaden klettern könnten und die so belobte DDR-Pädagogik zur – siehe oben – Ideologie kehren würden.

Vielleicht war dem unwilligen Herausgeber auch in den Sinn gekommen, dass einer seiner Autoren – möglicherweise auf den Beifall der Gegenwart spekulierend und in den Spuren von *Welt* und *SUPERillu* wandelnd – geschrieben hatte: »Ganz falsch lief es ab dem Punkt, als Margot Honecker total überzog. Ich meine die letzten beiden Pädagogischen Kongresse, die Parole von der ›kommunistischen Erziehung‹.

Kurz nach dem letzten Kongress hatten wir ein Klassentreffen. Ein ehemaliger Mitschüler von mir war inzwischen Direktor einer Schule. Der sagte auf diesem Treffen: ›Du, ich habe vorige Woche mit Margot Honecker geschlafen.‹

Ich fragte: ›Wie denn das?‹

›Na ja,‹ sagt der, ›in der ersten Reihe auf dem Pädagogischen Kongress. Alles andere kannst du vergessen. Das waren nur Phrasen.‹«

Dieser Spaßvogel wurde unter den Autoren als »Bernd M.« aufgeführt und hatte die Lehrer-Situation in der DDR folgendermaßen umrissen: »Ein Lehrer in der DDR mit 1.100 Mark Einkommen, der stand ein bisschen zwischen den Fronten. Jeder Handwerker verdiente mehr. Und wenn er sich noch 50 Prozent West beschaffen konnte, dann hat er den Lehrer ausgelacht.«

Soviel zur Analyse des leider anonym gebliebenen Mit-Autors des Buches »Was war unsere Schule wert?« über die Sozialstruktur der DDR.

Ursprünglich sollte also in diesem Buch auch ein Kapitel über die Ministerin folgen.

Der Verlag tat, was vor ihm schon viele andere getan hatten: Er telefonierte mit dem „Manager«. Ich konsultierte meine »Klientin«, die auch in diesem Fall reagierte, wie sie meist reagiert hatte, indem sie mir höchst gelassen antwortete: »Ich bin nicht versessen darauf, in dem Buch zu erscheinen. Über mich ist genug geschrieben worden. Also stören wir ihre Kreise nicht!«

Diesmal widersprach ich ihr. Nein, ich führte nicht mal triftige Gründe ins Feld, oder versuchte sie zu überzeugen.

Ich setzte mich hin und schrieb den nachfolgenden Text.

Die Ministerin

Es ist viel über die Margot Honecker geschrieben worden – vor allem nach 1990. Die meisten Autoren trachteten danach, sich in Abfälligkeiten zu übertreffen, wohl auch weil die so rüde Attackierte nicht nur Ministerin für Volksbildung in der DDR, sondern nach den westwärts gültigen Hierarchie-Regeln auch »First Lady« des Landes war. Zwar forschte man bei ihr vergeblich nach entsprechenden Verhaltenssymptomen für diese Funktion, erfand sie aber im Dutzend.

Obendrein hatte sie selbst keine Memoiren-Zeile über sich oder ihr Leben zu Papier gebracht, sah man von den Auskünften ab, die stenografiert worden waren, als der legendäre Luis Corvalan sie in Chile befragte, um eine Schrift über das »andere Deutschland« herauszugeben. Das Buch fand damals in Südamerika reißenden Absatz, wohl auch, weil so viele Chilenen auf der Flucht vor den Pinochet-Mördern in der DDR ein sicheres Asyl gefunden hatten und nach ihrer Heimkehr und dem Untergang des gastfreundlichen Landes dies und jenes noch wissen wollten.

Die Buchpremiere glaubten manche zum Krawall eskalieren lassen zu können, was indes gründlich misslang, weil sie wortlos ging, als man sie anzufeinden begann. Umso größer war die Hoffnung, die Vorstellung der deutschen Ausgabe des Buches in Berlin in einem Skandal münden zu lassen, was allerdings ebenfalls scheiterte. Margot Honecker meldete sich am Telefon, wünschte allen einen Guten Tag und parlierte über das herrliche Wetter in Chile, statt sich provozieren zu lassen. Maulend trollten sich die Provokateure.

Schon vorher waren in der Bundesrepublik als Biographien deklarierte Texte erschienen und hunderte von Artikeln, die sie diskriminieren sollten. Man strickte sie zur unnahbaren Hassfigur. Der Effekt blieb jedoch minimal, weil die Mehrzahl der DDR-Lehrer ihr Können und Wissen noch immer täglich demonstrierten und zudem – knapp formuliert – nichts auf die Ministerin kommen ließen. Und: Auch 19 Jahre nach dem Ende der DDR erinnerte man sich ihrer nicht nur zwischen Oberwiesenthal und Rerik, sondern sogar auf anderen Erdteilen.

So hatte der Präsident Namibias ihr einen Brief in den Exil-Wohnort Santiago de Chile gesandt: »Ich bin glücklich, Sie informieren zu dürfen, dass am 21. März 2005 das Volk und die Regierung Namibias den 15. Jahrestag ihrer Unabhängigkeit feiern werden [...] In Hochachtung für Sie und ihren verstorbenen Ehemann, der half, die Befreiung unseres Landes voranzubringen und für Ihre Verdienste bei der Fürsorge um so viele namibische Bürger während des Befreiungskampfes, habe ich das außerordentliche Vergnügen, Sie im Namen des Volkes und der Regierung der Republik Namibia einzuladen, den 15. Jahrestag der Unabhängigkeit mit ihrer Anwesenheit zu beehren.«

Margot Honecker tat es, und die seit 89 Jahren in Windhoek in deutscher Sprache erscheinende *Allgemeine Zeitung* präsentierte in der Ausgabe 55/2005 ein Foto mit dem Hinweis in der Unterschrift: »Als Gast der Regierung war Margot Honecker zur Unabhängigkeit nach Windhoek gereist.« Vorschläge, die Reise der Ex-DDR-Ministerin durch eine diplomatische Intervention der BRD zu verhindern, wurden in Berlin zu den Akten gelegt. Man fürchtete internationalen Unwillen.

Von der nächsten Reise war auch schon die Rede gewesen: 2008 packte Margot Honecker wieder die Koffer. Der Präsident Nikaraguas, Daniel Ortega hatte sie eingeladen, um ihr den höchsten Orden des Landes zu verleihen.

Hin und wieder verbrachte sie auf Einladung der kubanischen Regierung Urlaubstage auf der Insel und wurde dort hunderte Male fotografiert – von Lehrern, deren Karriere in der DDR begonnen hatten und die sie nun überraschend – und erfreut – am Strand in Varadero wiedersahen und von der Begegnung ein Bild mit nach Hause bringen wollten.

Auch rund um ihren 80. Geburtstag hatten die Briefträger in ihrer Straße Schwerstarbeit zu leisten. Soweit die jüngsten Fakten.

Der Verweis auf den Geburtstag erinnert an den Lebenslauf der Ministerin.

Was die Autoren, die sich rühmten, eine Margot-Honecker-Biografie verfasst zu haben, fast ausnahmslos übersehen hatten: Die Frau könnte die einzige Volksbildungsministerin der Welt gewesen sein, die selbst nur eine Achtklassen-Volksschule absolviert hatte und allein durch ihren »Aufstieg« das DDR-Bildungssystem überzeugend persönlich demonstrierte.

Margot Feist war am 17. April 1927 im Arbeiterviertel Glaucha der Saalestadt Halle als Tochter eines Schuhmachers und einer Matratzennäherin geboren worden. Sie wuchs in sehr ärmlichen Verhältnissen auf. Nach der Volksschule schloss sie eine Lehre als kaufmännische Angestellte ab. Ihr Vater, ein überzeugter Kommunist, wurde während der Nazizeit mehrmals verhaftet, litt in Zuchthäusern und Konzentrationslagern.

Als man ihn in die Naziarmee presste, starb bald darauf seine Frau an den Folgen einer Abtreibung. Margot übernahm ihre Funktionen in der Familie und dazu gehörten auch Aufträge, die sie für die Widerstandsgruppe ihres Vaters unauffällig ausführte. Als die Fronten näher rückten schickte der Vater die Tochter und deren kleineren Bruder Manfred zu seiner Mutter nach Schlesien. Dort wurde sie im ›totalen Krieg‹, als Telefonistin in ein Fernamt dienstverpflichtet. In Schlesien erlebten sie auch das Ende des Krieges. Deutsche und lettische Verbände der Waffen-SS lieferten den sowjetischen Truppen bis zum bitteren Ende blutige Kämpfe. Im September 1945 schlug sich die 18jährige mit ihrem Bruder nach Halle durch.

Kaum zu Hause meldete sie sich im eben gegründeten Antifaschistischen Jugendausschuss. Da galt es überall zuzupacken, Trümmersteine zu klopfen, demolierte Dächer zu reparieren, in Schulen aufzuräumen und Rollglas an die Fenster zu nageln. Margot war überall dabei und erinnerte sich: »Wir sammelten Kohle und Holz und organisierten die ersten Weihnachtsfeiern. In den Nächten wurde diskutiert. Es ging oft darum, ob das Leben überhaupt noch Sinn hat. Es gab auch so manchen, der dem ›verlorenen‹ Krieg nachtrauerte oder noch immer daran glaubte, dass die Deutschen vor anderen Völkern rangieren.« Das lehrte sie, wie schwer es oft ist, Wahrheit zu verbreiten.

Wo konnte das geschehen? In den Schulen! 1946 wurden in der sowjetischen Besatzungszone erste Gesetze erlassen. Die Siegermächte, die das Potsdamer Abkommen vereinbart hatten, dekretierten unmissverständliche Direktiven. So auch, das »Deutschland nie mehr seine Nachbarn oder den Frieden der Welt bedrohen darf«. Die Schulreform war einer der Umgestaltungsprozesse, der im Osten konsequent in Angriff genommen wurde.

Die junge Frau aus dem Hallenser Arbeiterviertel lernte schnell, was vonnöten war, um diese Aufgabe zu lösen. Noch 1945 war sie Mitglied der KPD geworden, mit der Vereinigung von KPD und SPD wurde sie 1946 Mitglied der SED. Zunächst arbeitete sie als Stenotypistin im FDGB-Landesvorstand. 1946 wählte man sie zum Mitglied des Sekretariats des FDJ-Kreisvorstands, 1947 wurde sie Leiterin der Abteilung Kultur und Erziehung im FDJ-Landesvorstand und bald darauf entdeckte man ihre Talente in Berlin. 1948 wurde sie zur Vorsitzenden der eben gegründeten Pionierorganisation »Ernst Thälmann« gewählt.

Der nächste Schritt führte sie in die provisorische Volkskammer und 1950 war sie mit 22 Jahren die jüngste Abgeordnete des DDR-Parlaments. Bald darauf erschien ihr Name unter den Kandidaten des ZK der SED.

Es ist nach 1990 viel darüber fabuliert worden, wann ihre Liaison mit Erich Honecker begonnen haben mag. Fest steht im Dezember 1952 wurde ihre Tochter Sonja geboren, die heute einige Straßen von ihrem Domizil in Santiago entfernt, lebt.

Nach einem Schulbesuch in Moskau übernahm sie 1955 eine Funktion in der Hauptabteilung Lehrerbildung im Volksbildungsministerium, 1958 avancierte sie zur stellvertretende Ministerin, fünf Jahre später war sie Ministerin. Fortan prägte sie die Volksbildung der DDR. Sie konnte vergnüglich plaudern, aber auch konsequent fordern, dass Beschlüsse umgesetzt, Gesetze verwirklicht wurden. Schritt um Schritt erreichte die Volksbildung der DDR höheres Niveau, man kam aus vielen Ländern, um die dort gesammelten Erfahrungen kennen zu lernen und daheim selbst anzuwenden.

Wann immer nach 1990 die DDR-Volksbildung in den Schmutz gezogen werden sollte, blieb ein Vergleich unantastbar: In der Bundesrepublik Deutschland waren 1990 um die drei Millionen Analphabeten gezählt worden, in der DDR gab es keine! Das wurmte und mobilisierte immer wieder zu wilden Lügen über die DDR-Volksbildung und die Ministerin, die sie 26 Jahre lang dirigiert hatte.

Acht Jahre nach der Flucht an der Seite ihres Mannes in die Fremde hatte ein Professor aus Hannover verkündet, dass Attacken auf Ausländer in den neuen Bundesländern allein dem Erbe der DDR-Volksbildung anzulasten wären. Die *Sächsische Zeitung* entschloss sich, ein öffentliches Meeting mit dem »Wessi« zu arrangieren.

Hier einige Sätze aus dem ganzseitigen Bericht des Blattes vom 25. März 1999: »Schon lange vor Beginn kommen die ersten. Aus Görlitz, Hoyerswerda, Bad

Schandau oder Leipzig. Viele Menschen darunter mit schon grauem Haar. ›Wir waren beide in der Volksbildung, erzählt ein älteres Ehepaar, ›wir kommen, um uns anzuhören, wofür wir uns verantworten müssen.‹ [...]

Als Professor Pfeiffer sagt, ›meine Angriffspartner sind nicht die Menschen, es ist das DDR-System‹, kann er nur bei wenigen im Saal punkten.«

Die Zeitung druckte auch Meinungen aus dem Saal. Ein »junger Bundeswehrsoldat« – so die Unterzeile –: »Mich stört doch sehr diese Schwarz-Weiß-Malerei. Ich bin einer der von Ihnen beurteilten Jugendlichen. Es fehlt mir an ihrer Theorie ein entscheidender Aspekt. Meine unmittelbare Vergangenheit prägt mich doch mehr als mein Kindergarten. Bei der Wende war ich Thälmann-Pionier. Damals hatten wir ein festes Weltbild. Und dann brach 1990 eine Welt zusammen. Hilflosigkeit kann auch in Gewalt ausarten.«

Dieser Abend war nur eines der vielen eindrucksvollen Voten für die Volksbildung der DDR – und für deren Ministerin.

Als Ed Stuhler, ein Absolvent der DDR-Oberschule und diplomierter Chemie-Ingenieur in Wien eine angeblich zu freundliche Margot-Honecker-Biographie veröffentlichte, tobten die herrschenden Medien. In der *Süddeutschen Zeitung* ereiferte sich Ralf Husemann: »Schwer erträglich wird Stuhlers Buch, wenn er sich von seiner Begeisterung über das Schulsystem der DDR davontragen lässt. Die Polytechnische Bildung (also die Verbindung von Theorie und Praxis in der Schule) ist für ihn, ›ohne zu übertreiben, revolutionär‹, die zehnjährige obligatorische Oberschule ›mit Fug und Recht als epochale Leistung zu bezeichnen‹. Nach dem Ende der DDR sei das Bildungswesen zerschlagen worden, um das antiquierte Schulsystem der BRD einführen zu können. Und die Prügel, die die DDR-Volksbildung habe einstecken müssen, ›galten eigentlich deren omnipotenter Ministerin‹.

Und so weiter und so fort. Disziplin und Ordnung. [...] Krippen und Kindergärten wurden von Margot Honecker, wie sintemalen im preußischen Obrigkeitsstaat für Disziplin, Ordnung und Sauberkeit ausgezeichnet. Phantasie, Kreativität, die Ausbildung selbstbestimmter Persönlichkeiten waren diesem System fremd. Das Thema ›Zwangsadoptionen‹ [...] ist für Ed Stuhler eine bloße Presse-Ente: ›Zwangsadoptionen gab es nicht.‹ Punktum. [...] Wer das jetzt weiß, kann sich ja die weitere Lektüre des oft recht geschwätzigen, manchmal unfreiwillig komischen (›Pro Kopf der Bevölkerung hat die kleine DDR mehr Ingenieure ausgebildet als die USA‹) und nicht selten ärgerlichen Textes sparen.«

Nicht ersparen sollte man sich die Resultate zahlreicher Forschungsarbeiten zur »Kindergartenpädagogik«: »Die Wende veränderte schlagartig die Situation. Als erste schlossen viele Betriebe ihre Kindergärten, ›weil sie sich rasch dieser unproduktiven Einrichtungen entledigen wollten‹ (Aden-Grossmann 2000, S. 273). Hinzu kam, dass die Kindergartengebühren erheblich anstiegen und die Geburtenrate im ›Osten‹ abrupt zurück ging (diese sank von 200.000 Geburten im Jahr 1989 auf ca. 110.000 im Jahr 1991). Diese Tatsachen führten zu einer verringerten Nachfrage nach Kindergartenplätzen und zu einer Überkapazität, ›die abgebaut werden musste, d. h. die Kommunen mussten in einem erheblichen Umfang Erzieherinnen entlassen und Plätze in Tageseinrichtungen abbauen.« (ebd., S. 274)

Derlei rundete das Bild über die DDR-Volksbildung und damit auch über die Leistungen der Ministerin, die die rechten Medien so konsequent, wie sie früher ihrer Arbeit nachgegangen war, nun ignorierte und deren zahllosen Interviewwünsche ablehnte.

2002 kam es zu einer beispiellosen Kontroverse mit dem Magazin *stern*, das Margot Honecker 50.000 Euro Honorar für ein Interview offerierte und mit einem Beauftragten, den sie aus Santiago gebeten hatte, in Berlin die Verhandlungen zu führen.

Am 1. November 2002 trafen sich Dr. Dieter Krause (*stern*) und Klaus Huhn (*spotless*) im Restaurant »Alter Fritz« am Berliner Alexanderplatz, um die Konditionen zu vereinbaren. Dr. Krause beteuerte, dass es in Santiago de Chile um ein höchst sachliches Gespräch gehen sollte. Als nächstes wollte der *stern* seine Fragen übermitteln. Am 14. November 2002 ging der Fragenkatalog ein: »Um […] eventuell bestehende Befürchtungen bei Frau Honecker auszuräumen, ist der *stern* bereit, sich unter Androhung einer vorab vereinbarten Vertragsstrafe zu verpflichten, nur die von Frau Honecker autorisierte Fassung zu veröffentlichen. […] Unsere Vorstellung über das Gespräch zielt – vom Umfang wie von den zu behandelnden Gegenständen her – auf einen Textcharakter, der auch als eine Art Vermächtnis von Margot Honecker angesehen werden kann.«

Um zu einem »Vermächtnis« zu gelangen, erwartete der *stern* Antworten auf solche Fragen: »Wie Erich Honecker kennengelernt? Wie weit in die von Erich Honecker geleiteten organisatorischen Vorbereitungen zur Abriegelung der Staatsgrenze der DDR eingeweiht? [...] Der Umzug von Pankow nach Wandlitz – Gewollt, gemusst, gehasst? Wie wurde die zunehmende Konsumorientierung (Delikat, Exquisit, intershop) gesehen? [...] Der Besuch Erich Honeckers in Bonn – wie hat sich Erich Honecker darauf vorbereitet? [...] Ist der Traum vom Sozialismus ausgeträumt bzw. hat der Kapitalismus historisch gesiegt? [...] Gab es 1989 (und danach) Meinungsdifferenzen mit Erich Honecker?«

Margot Honecker las den Stapel Fragen und entschloss sich, dem *stern* einen Brief zu schreiben:

»Sehr geehrter Herr Dr. Krause,

Klaus Huhn hat mir Ihre Fragen übermittelt. Ich war enttäuscht. Warum? Ich lese Ihr Magazin zwar nur selten, habe mir aber erzählen lassen, dass es sich von anderen bundesdeutschen Publikationen durch seriöse Berichterstattung unterscheiden soll. Mein Mann und ich hatten das allerdings nicht feststellen können. Sein Rechtsanwalt Friedrich Wolff hat in seinem Buch darauf hingewiesen, wie sehr Erich Honecker schockiert war, als ihm in Ihrem Blatt angedichtet wurde, er hätte seine Genossen vor dem Volksgerichtshof verraten. Für jemanden, der zehn Jahre in Nazihaft verbrachte, dürfte das auch mehr als bitter sein. Ihre dafür zuständigen Kollegen sollten ihr Gewissen befragen, was man davon halten kann, dass sie nicht einmal die empörten Zeilen der Frau Fodorová abdruckten.

Ich hatte also meine Hoffnungen nicht allzu hoch gespannt, als ich hörte, dass der *stern* mein ›Vermächtnis‹drucken will.

Als Sie oder einer Ihrer Kollegen die Fragen an mich formulierten, muss nicht Ihr oder Ihr *stern*-Tag gewesen sein. Die Fragen unterschieden sich kaum von denen, die *Focus, SUPERillu* oder *Bild* zu formulieren pflegten.

Für mich, der ich ja in meinem Leben einiges mit Pädagogik zu tun hatte, ist es nicht verblüffend aber doch immer wieder überraschend, wie man in allen Redaktionen das Leben in der DDR in rechtwinklige ›Themen-Schablonen‹ einordnet und die wieder und wieder abruft. Befürchtet niemand, dass auch da Verschleiß entstehen könnte? Zum Beispiel: Könnte es nicht denkende Leser mit der Zeit langweilen, was da über mich als ›First Lady‹ oder der ›mächtigsten Frau der DDR‹ gefaselt wird? Ich frage mich zuweilen, wer mich, die ›Unbelehrbare‹ mit welchen Argumenten belehren möchte? Und frage mich auch, wieso man mich dann ständig um Interviews anbettelt, obwohl man doch weiß, dass ich bleiben werde wie ich bin? Nämlich unbeugsam in meinen Ansichten über den Zustand der Welt und die Notwendigkeit, die Zustände zu verändern.

Und nun wollte *stern* sogar noch mein ›Vermächtnis‹ drucken? Ob sich Ihre Fragen allerdings dafür eignen, gestatte ich mir, anzuzweifeln.

Zum Beispiel: ›Wie weit in die von Erich Honecker geleiteten organisatorischen Vorbereitungen zur Abriegelung der Staatsgrenze der DDR eingeweiht? […] Die Ablösung Walter Ulbrichts – Wie sehr drückten die Auseinandersetzungen in das Familienleben? […]

Der Umzug von Pankow nach Wandlitz – Gewollt, gemusst, gehasst? […] Wie wurde die zunehmende Konsumorientierung (Delikat, Exquisit, intershop) gesehen? […] Wie lief die Abschiebung von E. H. nach Deutschland ab? […] Das Leben in Chile; Reflexionen über das, was war und über das, was kommen wird. […] Wie aufmerksam werden Berichte über ›die Honeckers‹ in den deutschen Medien verfolgt? (z. B. die Behauptungen des ehemaligen engen Vertrauten Karl-Heinz Kaiser; über dessen angeblichen Geldschmuggel; über die private Hinterlassenschaft in zwei Koffern?) […]

Welcher Kontakt besteht zur deutschen Botschaft und zur deutschen Gemeinde in Chile? […] Wer hat die Familie Honecker nach der Wende anständig behandelt? […] Ist der Traum vom Sozialismus ausgeträumt bzw. hat der Kapitalismus historisch gesiegt? […]‹

Nehmen wir zum Beispiel die Frage: ›E. H. wird 1971 neuer Erster Sekretär des ZK der SED, welche Folgen für die eigene politische Karriere gesehen?‹

Warum sollte ich Ihnen zu erklären versuchen, dass die Frage absurd ist? Was hatte meine Funktion – bei Ihnen ›Karriere‹ – mit der Funktion meines Mannes zu tun? Es galt, dort zu arbeiten, wo man gebraucht wurde. Fällt es Ihnen so schwer, den Unterschied zwischen ›Funktion‹ und ›Karriere‹ zu entdecken?

Herr Huhn glaubte gehört zu haben, dass Sie an der Humboldt-Uni studierten und später in einem Institut promovierten. Fällt es Ihnen so schwer, sich des Unterschieds zwischen beiden Begriffen zu erinnern? Zugegeben, Sie haben ›Karriere‹ gemacht beim *stern*, aber das ›Dr.‹ vor Ihrem Namen stammt doch wohl noch aus der DDR und wurde von Ihnen kühl (ist cool treffender?) übernommen. […]

Warum fragen Sie mich zum Beispiel nicht, wie aufmerksam ich verfolge, was zur Zeit in Deutschland vorgeht, ob es mich bewegt, dass das reiche Deutschland Schulden in schwindelerregender Höhe machte? (Die der DDR waren dagegen *peanuts*.)

Oder was ich davon halte, dass täglich verkündet wird, man müsse noch intensiver sparen? Das erinnert mich an Zeiten, in denen verkündet wurde, ›man solle im Interesse des Vaterlands und seiner Verteidigung den Riemen enger schnallen‹. Und auch die ›moderne‹ Sparsamkeit trifft vor allem immer die Ärmsten.

Oder was mir dazu einfällt, dass dort, wo einst die DDR lag, vom 1. bis 10. Dezember 2002 schon zwei Obdachlose erfroren waren?

Aus meiner Sicht wären das schon Themen, denn es geht dabei um Menschenleben! Und wenn Sie es nicht unterlassen können, mich zu einer ›First Lady‹ zu stempeln, sollten Sie wenigstens in meinem ›Vermächtnis‹ vermerken: Legt Wert auf die Feststellung, dass zu ihrer ›First-Lady-Zeit‹ keine Obdachlosen in der DDR erfroren. Das sollten Sie hinzufügen – schon um der ewigen Nörgelei zu entgehen, ich formulierte meine Ansichten in ›Betonkopf-Parteichinesisch‹.

Und noch ein paar Beispiele dafür, warum ich viele Ihrer Fragen für absurd halte: ›Wie lautet das Urteil über die PDS, über Gysi, Krenz, Schabowski, Gorbatschow?‹ Zunächst: Warum fragen Sie mich zum Beispiel nicht nach Jutta Limbach? Diese als höchste deutsche Richterin zeitweilig tatsächlich ›mächtigste Frau der BRD‹, hat im Prozess gegen Erich Honecker und andere Antifaschisten eine schlicht gesetzwidrige Rolle gespielt.

Sie hatte, nachdem seriöse Ärzte Erich Honecker unheilbaren Krebs attestiert hatten, meinem Mann allen Ernstes noch kurz vor seinem Tod als Justizsenatorin von Berlin mitteilen lassen, dass er aus Chile nach Moabit zurückkehren müsse, weil der Prozess fortgesetzt würde. Als oberste deutsche Richterin musste sie wissen, dass es für die Prozesse gar keine rechtliche Grundlage gab. Was es gab, war eine Horde von Antikommunisten. die ihn im Gerichtssaal sterben sehen wollten.

Eines Tages wird vielleicht doch noch ein Urteil über jene gesprochen, die das Recht missbraucht haben. Diese Hoffnung gehört zu meinem Vermächtnis, aber wo steht die passende Frage?

Und nun erkundige ich mich mal bei Ihnen, warum Sie mich – wenn Sie wirklich an meinem ›Vermächtnis‹ interessiert sind – nicht nach meinem Verhältnis zu Fröbel, Diesterweg oder Pestalozzi gefragt haben?

Wie schon erwähnt, war ich weder ›First Lady‹ noch ›mächtigste Frau‹, aber Volksbildungsministerin, und in Artikeln, die ich heute lese, und in den Stapeln von Briefen, die ich aus Deutschland bekomme, wird versichert, dass es nicht gut steht um die Volksbildung in der BRD, und inzwischen bringen auch viele den Mut auf, zu sagen, dass die DDR der BRD eindeutig überlegen war. Und dass dies heute erst recht gilt.

Sie werden möglicherweise fragen, was Sie bewegen sollte, mich nach Fröbel zu fragen? Das will ich Ihnen gern und kostenlos beantworten. (So oft wird Fröbel im *stern* nicht erwähnt oder gar zitiert [...])

Und um nicht wieder des betonköpfigen Parteichinesisch bezichtigt zu werden, zitiere ich aus dem *Tagesspiegel*, in dessen Kopf bekanntlich die lateinischen Worte ›rerum cognoscere causas‹ zu lesen sind, was wohl so viel heißt, wie: Die Ursachen der Dinge erkennen! Und in diesem seit 57 Jahren Ursachen nachspürenden Blatt las ich fünfspaltig als Schlagzeile die Frage: ›Sollen die Kitas Schule machen?‹ Nicht die Zeitung stellte die Frage, sondern der Berliner Senat.

Als ich das las, fiel mir auf Anhieb Fröbel ein, der diese Frage faktisch schon vor über 150 Jahren beantwortet hatte. Von dessen Erkenntnissen hatten wir uns in der DDR – und das nicht etwa, weil Fröbel im thüringischen Bad Blankenburg den ersten ›Allgemeinen deutschen Kindergarten‹ gegründet hatte – leiten lassen, als wir den Kindergarten als ›Vorschule‹ nutzten, so dass sich die Lehrer in der DDR alljährlich das Ziel stellen konnten, die im Spätsommer eingeschulten Kinder Weihnachten ihre ersten Festwunschkarten schreiben und die ersten Märchen selber lesen zu lassen. Und die Frage, wie man es anstellen könnte, das zu erreichen, bewegt heute in der deutschen Hauptstadt?

Mit Verlaub: Respekt nötigt mir das nicht ab.

Übrigens ebenso wenig wie die Tatsache, dass unter den rund 40 Fragen, die Sie mir gestellt haben, sowieso keine einzige dem Schulwesen galt. Sie werden vielleicht antworten, dass das nur in der Hast vergessen wurde, aber auch das wäre typisch. Bekanntlich sind in den neuen Bundesländern noch immer viele Lehrer tätig, die ihr nicht geringes Wissen in der DDR erworben hatten. Zwar bereitete ihnen die neue Obrigkeit beträchtliche Schwierigkeiten, ehe ihre Diplome anerkannt wurden – viele mussten nachträglich noch Prüfungen ablegen, angeblich, um herauszufinden, ob sie sich auch für die neue ›Ordnung‹ eignen und das ABC wirklich reibungslos an die Tafel bringen können –, aber die Probleme, die sie heute haben, resultieren vor allem aus der Tatsache, dass viele Kinder kein Motiv für eifriges Lernen erkennen können, da sie nicht einmal auf eine Lehrstelle hoffen dürfen. Dass sich da Unterschiede auftun zwischen Vergangenheit und Gegenwart wird wohl niemand bestreiten wollen. Zugegeben: Es gibt keinen Fahnenappell mehr. Ob der aber eine Lehrstelle aufwiegt, könnte zumindest fraglich sein.

Ich würde in einem ›Vermächtnis‹ schon einigen Wert auf die Feststellung legen, dass in deutschen Landen Tausende gut ausgebildeter Pädagogen leben, abgewickelte Wissenschaftler, entlassen, weil zum Beispiel die Pädagogische Akademie nicht mehr existiert und weil viele in den Pädagogischen Hochschulen und Universitäten ›ausgesondert‹ wurden. Sie alle könnten wertvolle Hinweise geben, wie eine moderne Bildung heute zu gestalten wäre, vor allem aber eine, die für alle ohne Scheckbuch zugänglich ist. Da haben diese Betroffenen garantiert Erfahrung, weil wir es Jahrzehnte in der DDR praktiziert haben. Zugegeben, das will man zwar vergessen machen – auch der *stern* tut nicht sonderlich viel dafür, daran zu erinnern –, aber manches deutet darauf hin, dass sich viele Eltern heute noch daran erinnern. Das wiederum hält kaum jemanden davon ab, bei dem einmal verkündeten Prinzip zu bleiben: Keine Anleihen beim DDR-Bildungssystem! Dann schon lieber sich in Finnland umsehen oder sonstwo.

Damit mich niemand missversteht: Wir haben auch nicht das Fahrrad erfunden. Wir haben uns in der ganzen Welt umgesehen, auch in Finnland. In aller Welt haben wir uns vieles abgeguckt, haben Erfahrungen anderer Länder genutzt, zum Beispiel Nützliches aus Frankreich übernommen. Und wer beantwortet mir die Frage: Warum akzeptierte man nicht die Vorschläge ernsthafter Wissenschaftler der Alt-BRD, die 1990 bei allen Vorbehalten manche DDR-Erfahrung zu ›übernehmen‹ vorgeschlagen hatten?

Zugegeben: Die DDR war damals ärmer als die BRD, aber sie verfügte über ein lückenlos funktionierendes System der Vorschuleinrichtungen, eine 10klassige Bildung auf solidem Niveau. Wo davon die Rede war oder ist, wird flugs nach der passenden Schablone gesucht und mit ›Fahnenappell‹ und ›Pionierhalstuch‹ geantwortet.

Ich war nie Verteidigungsminister, könnte mir aber auch vorstellen, dass man in Geldnöte geraten muss, wenn man überall in der Welt, wo es nach Öl riecht, so genannte Friedenseinsätze mit Spürpanzern und Raketensystemen unterstützt. Da muss das Geld für die Bildung knapp werden.

Auf der *stern*-Internetseite fand ich Auszüge eines dramatischen Appells des Bundeskanzlers, den er in einem *Zeit*-Artikel formuliert hatte. ›Wir müssen die deutsche Schule retten und nicht die Kultusminister‹, las ich und dann: ›Schröder verlangte verbindliche nationale Bildungsstandards für den Unterricht und ein nationales Rahmengesetz für die Schule.‹

Als ich das las, dachte ich amüsiert: Wäre ich nicht schon etwas älter, könnte ich mich dort vielleicht als Unternehmensberater bewerben. […]

Sie haben übrigens auch vergessen, mich danach zu fragen, was ich denn davon halte, dass viele Schulen, die zu DDR-Zeiten – manchmal auch von mir – feierlich eröffnet wurden, jetzt geschlossen werden. Die Gründe sind bekannt, es fehlt an Schülern. In jedem Lexikon findet man Hinweise auf die Wissenschaft der Bevölkerungssoziologie. Die verrät, dass der Rückgang der Geburtenzahlen auch von den gesellschaftlichen Bedingungen abhängig ist. In den deutschen Medien ist höchstens hier und da mal vom ›Geburtenknick‹ die Rede, aber nie fand ich einen Hinweis auf die Ursachen dieses ›Knicks‹. Habe ich da im stern etwas überlesen?

Aber weiter mit Ihren Fragen. Zum Beispiel die: ›Der Besuch Erich Honeckers in Bonn – wie hat sich Erich Honecker darauf vorbereitet?‹

Ob Sie es glauben oder nicht, mit mir hat er sich nicht beraten. Ich vermute, das hat er wohl lieber mit einem sachkundigen Gremium getan. Oder wollen Sie wissen, ob und welche Krawatten ich ihm ausgewählt habe? […] Nicht uninteressant im Zusammenhang mit der Reise wären vielleicht einige Episoden, von denen ich las und über die er nach seiner Rückkehr berichtete. Das können Sie aber auch zum Beispiel in der *Frankfurter Rundschau* vom 11. September 1987 nachlesen: ›Als ihn Bernhard Vogel, der Mainzer CDU-Ministerpräsident im Geburtshaus von Karl Marx willkommen hieß, gab sich Honecker locker und entspannt – fast wie bei einem Heimspiel auf exterritorialem Gelände. […] Ein eher schlichtes Gebinde aus fünfzig roten Rosen mit schwarz-rot-goldener Schärpe, eine knappe Verbeugung vor der Büste des Denkers Karl Marx, dem Bernhard Vogel in seiner Tischrede im Rheinischen Landesmuseum weltweite Wirkung zugestand.‹

Vogel ist doch Ministerpräsident von Thüringen. Da hätte ich die Frage: Erinnert er sich noch daran, dass er nicht nur Marx ›weltweite Wirkung‹ zugestand, sondern auch stolz darauf war, Erich Honecker Wein von jenem Weinberg kredenzen zu lassen, von dem schon Marx seinen Wein bezogen hatte?

Ihre Frage, was mich Erich Honecker von der Abriegelung der Staatsgrenze wissen ließ, könnte auf eine Unterschätzung des Wissens und der Intelligenz Ihrer Leser schließen lassen. Zunächst – ein wenig drastisch formuliert: die Idee für die Mauer entstand nicht in unserem Wohnzimmer, sondern wie allgemein bekannt in Wien, wo Chruschtschow und Kennedy berieten, wie man die Zugänge für die Alliierten nach Berlin regeln sollte. Und dass die Entscheidung über die Mauer nicht in Berlin fiel, sondern in Moskau beraten und beschlossen wurde, und zwar von allen im Warschauer Pakt vereinten Staaten, hat sich doch inzwischen auch herumgesprochen. Ebenso wie die Tatsache, dass sich die

BRD-Politiker damals trotz Zähneknirschen – weil nämlich abhängig von ihren damals nicht so kriegswilligen Verbündeten – damit abfinden mussten. Und noch ein Wort zu der Tatsache, dass damals Menschen nicht nur die DDR verließen, weil sie sie nicht mochten. Zum Beispiel Ärzte. Ich gebe zu, man legte in der DDR Wert darauf, dass die dort ausgebildeten Ärzte sich auch um die dort lebenden Menschen kümmerten. Das hatte schon ein gewisser Hippokrates 2300 Jahre vor der Gründung der DDR in dem von ihm formulierten Eid empfohlen.

Heute sollen ähnliche ›Abwanderungen‹ zu ähnlichen Problemen führen, allerdings von den Medien in den Alt-Bundesländern weniger bejubelt als damals. So ändern sich die Zeiten.

Und schließlich haben Sie mich auch noch nach meinen Gefühlen von Ende 1989 gefragt. Antwort darauf habe ich ausführlich in dem Corvalan-Buch gegeben, aber auch in den ›Auskünften über Erich Honecker‹ habe ich mich dazu geäußert. An meinem Standpunkt hat sich da nichts geändert.

Das wäre vielleicht eine andere wichtige Auskunft von mir: Ich bin nicht glücklich darüber, dass ich weit entfernt von den vielen redlichen Menschen lebe, die mitgeholfen haben die DDR aufzubauen, aber oft spüre ich, dass sie mir sehr nahe stehen. [...]

Das reicht für Sie garantiert, um mich einmal mehr als ›unbelehrbar‹ oder ›Betonkopf‹ zu quali- oder zu disqualifizieren. Seien Sie unbesorgt: Daran habe ich mich gewöhnt, und ich könnte höchstens irritiert sein, wenn dieses Urteil plötzlich aufgehoben würde!

So viel zum ›Vermächtnis‹ einer ›First‹ oder ›Last Lady‹, die sich früher wie heute nicht für sonderlich wichtig hielt und schon deshalb ihre Zeilen mit Bertolt Brecht enden lassen möchte. In seinem ›Leben des Galilei‹ riet er: ›Wenn die Wahrheit zu schwach ist, sich zu verteidigen, muss sie zum Angriff übergehen.‹

Ehrlich: In seiner Gesellschaft fühle ich mich wohl.

Margot Honecker.«

Das aktuelle Spotless-Buch zur ND-Geschichte

Es war einmal ein Zentralorgan. Führend im Zeitungswald der DDR, weil es von der Führung der führenden Partei herausgegeben wurde. Die Zeitung gibt es noch immer, sie ist aber weder führend noch sonst auffällig im Blätterwald der BRD. Nun ist ein Buch erschienen, das feuilletonistisch die Geschichte des »Neuen Deutschland« betrachtet.

Klaus Huhn, der ein halbes Jahrhundert für diese Zeitung tätig war, rieb sich beim Lesen verwundert die Augen und macht nun als Zeitzeuge in einer eigenen Schrift seine Aussagen.

Unser Service: Tel. 01805/30 99 99 (0,14 Euro/Min., mobilabweichend)
www.edition-ost.de

Das Spotless-Gratisbuch zum Thema des Jahres ’09

Seit 1949 gilt: Die DDR muss weg! Weg von der Landkarte zunächst, heute weg aus der Geschichte, weg aus der Erinnerung. Zur Vertreibung ihres Geistes ist jedes Mittel recht, allen voran Lüge und Diffamierung. Hier kann man erfahren, wirklich dran ist an den DDR-Greueln – Auftrags- und Strahlenmorden, Zwangsadoptionen und maroder Wirtschaft, Menschenversuchen, Doping, Organhandel, Nazis in hohen Funktionen, Zwangsschulen, ertränkten Babys ..., denn Klaus Huhn hat die besonders dreisten Verleumdungen zusammengestellt und mit der Wahrheit konfrontiert.

Unser Service: Tel. 01805/30 99 99 (0,14 Euro/Min., mobilabweichend)
www.edition-ost.de